KLAUS SCHMIDT

ICH BELLE, ALSO BIN ICH!

Klaus Schmidt

Ich belle, also bin ich!

Amüsante Hundegeschichten um einen kleinen Sheltie

Verlag
Books on Demand GmbH
Norderstedt

Bibliografische Information der Deutschen National-bibliothek:
Die Deutsche Nationalbibliothek verzeichnet diese Publikation in der Deutschen Nationalbibliografie; detaillierte bibliografische Daten sind im Internet über dnb.d-nb.de abrufbar.

ISBN 978-3-837-02103-5

Herstellung und Verlag:
Books on Demand GmbH, Norderstedt

Umschlagfotos:
Fotostudio Schindler, Neubiberg

Fotos im Buch:
Klaus Schmidt
Andrea Weinzierl
Heinz Rebellius
Werner Nörr

INHALT

VORWORT

Friedlich liegt sie da, meine kleine Sheltie-Hündin mit Namen Sandy und schläft ihren gerechten Schlaf unter meinem Schreibtisch, während ich dieses Buch schreibe. Es wird ein Buch über sie, die nun schon fünf lange Jahre viel Freude und Lebendigkeit in unser Leben gebracht hat. Während ich all die Geschichten verfasse, wendet sich ihr Blick zu mir herauf und sie schaut mich mit ihren treuherzigen Glupschaugen an, als ob sie ahnen würde, dass ich gerade über sie und ihre „Heldentaten" nachdenke und diese zu Papier bringe.

Ja, über fünf Jahre ist das nun schon wieder her, als dieses kleine Fellmonster in unser Leben trat und unseren Alltag gründlich durcheinander wirbelte. Fünf Jahre, in denen sich eine Menge erzählenswerter Episoden rund um den kleinen Hund mit der drolligen Stupsnase abgespielt haben. Lustige, amüsante, etwas skurrile, aber mitunter auch ärgerliche Geschichten – die gesamte Palette eben.

Indes, ich kann nicht alles erzählen. Ich müsste wohl monatelang schreiben, und es wäre nur ein kleiner Teil dessen, was wir in dieser Zeit mit dem kleinen Racker alles erlebt haben. So können die geschilderten Erlebnisse in diesem Buch nur Ausschnitte und Momentaufnahmen aus fünf Jahren gemeinsamen Lebens – oder sollte ich besser sagen, „Erlebens" – mit unserer Sheltie-Hündin Sandy sein.

Gleichsam gewährt dieses Buch auch einen Einblick in mein eigenes, bewegtes Seelenleben. All die Gedanken und Gefühle, die mich in dieser Zeit beschäftigt haben, verschmelzen in den Geschichten und sind zugleich ein Teil davon. Das Schreiben hat bekanntterweise therapeutische Wirkung, befreit und hilft bei der Verarbeitung manch schmerzlicher Erfahrungen. So auch bei mir. Nach dem Niederschreiben so mancher Erlebnisse konnte ich die Sache aus einem anderen Blickwinkel betrachten. Also freuen Sie sich auch auf eine Ansammlung persönlicher Philosophien und Lebensweisheiten „Made by Schmidt".

Damit dieses Buch nicht zum Monolog ausartet, will ich auch meine kleine Sandy zu Wort kommen lassen. Dazu habe ich versucht, in humorvoller Weise ihre Gefühlsregungen, ihre Artikulation und ihr Bellen in die Menschensprache zu übersetzen.

„Na klar, schließlich bin ich ja auch die Hauptdarstellerin in diesem Buch!", gibt sie mir, wie zur Bestätigung dessen, mit einem entschiedenen „Wuff" von unten zu verstehen.

Um auch den anderen Hunden zu gedenken, die in meinem Leben stets treue Begleiter waren, will ich am Ende dieses Buches einen kurzen Abstecher in die Vergangenheit wagen. Einen flüchtigen Blick zurück, der gleichwohl verbunden ist mit einem Blick in die Zukunft, einer Zukunft, die Herausforderung und Chance gleichermaßen ist.

„Wuff! Viel Spaß beim Lesen wünschen Klaus, der Zweibeiner, und Sandy, der Hund."

Abschließend noch ein Zitat des altehrwürdigen Heinz Rühmann, der die Sache ganz treffend auf den Punkt brachte: „Man kann ohne Hund leben, es lohnt sich nur nicht!" Wie Recht er doch hatte!

Bin ich nicht schön?

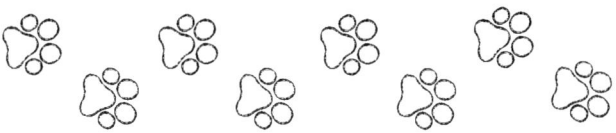

EINS

Ein Hund muss her!

Zwei Jahre waren inzwischen vergangen, seit meine treue Mischlingshündin Susi diese Welt verlassen hatte und ihren wohlverdienten Platz im Hundehimmel fand. Sie war ein liebenswerter, kleiner Hund, in ihr steckte etwas Collie, etwas Schäferhund und jede Menge Dackel. Vor allem, was ihren Körperbau betraf. Der war unbeschreiblich lang, so lang wie eine Riesenwurst, an der vier stämmige Hundebeine anmontiert waren. Diese stammten vermutlich von dem Schäferhund, der irgendwann einmal in grauer Vorzeit bei der „Produktion" eifrig mitgemischt hatte. Ihr anmutiger, kleiner Kopf und ihre keilförmige Stupsnase besaßen wiederum eindeutig Collie-Züge, was ihrem gesamten Äußeren einen unheimlichen Charme verlieh. Rundum ein liebenswerter, kleiner Kerl.

Aber nun war meine kleine Susi bereits seit zwei Jahren tot, und ich vermisste sie sehr. Ein neuer Hund kam für uns jedoch in dieser Zeit nicht in Frage, da wir in einer Mietwohnung lebten, in der Hundehaltung nicht erlaubt war. Ich litt damals sehr unter Entzugserscheinungen, vermisste ich doch schmerzlich all das, was

das Zusammenleben mit Hunden so wertvoll und einzigartig macht: den täglichen Gassi-Gang, all die amü-
santen Erlebnisse und nicht zuletzt die stets aufmun-
ternde Gesellschaft eines quirligen Vierbeiners.

Doch eines Tages kam sie dann, die Erlösung, endlich! Die Tage des schmerzhaften Hunde-Entzugs
waren gezählt. Wir hatten uns ein kleines Häuschen
auf dem Lande zugelegt, mit einem hübschen Garten
drum herum, den eine schöne Wiese mit einem alten
Apfelbaum mittendrin zierte.

„Ein Hund muss her!", ließ ich deshalb sofort und
mit Nachdruck verlauten, und meine Frau wusste, dass
es wohl sinnlos sein würde, meinem innersten Wunsch
zu widersprechen. Zumal sie insgeheim auch schon
immer gerne einen Hund, oder zumindest ein eigenes
Haustier, gehabt hätte. So sollte unser neues Zuhause
gleichzeitig auch das Zuhause für einen Vierbeiner
werden. Der Entschluss war gefasst.

Als Erstes stellte sich die Frage nach der Rasse, der
Größe und den Charaktereigenschaften des neuen
Vierbeiners. Und ob es ein Hund vom Tierheim, von
Privat oder von einem Züchter sein sollte. Über die
Größe waren wir uns schon bald einig. Klein bis mit-
telgroß sollte er gewachsen sein, unser neuer tierischer
Mitbewohner. Doch welche Rasse passte nun am bes-
ten zu uns? Gewiss, ich hatte zwar lange Jahre Erfah-
rung im Umgang mit Hunden, doch für meine Frau
war dies alles völliges Neuland. Unbekannt und ir-
gendwie ein Wagnis zugleich. Von daher sollte es ein
Hund mit aufrichtigem Charakter werden, der einfach

zu erziehen und zu führen und gleichermaßen zuverlässig und treu ist. Da alle meine früheren Hunde ein temperamentvolles und zugleich robustes Wesen gehabt hatten, legte ich persönlich auf diese Charaktereigenschaften einen großen Wert.

Und es sollte natürlich eine Hündin sein. Es mögen althergebrachte Vorurteile sein, die ich inne habe, aber ich bin der Meinung, dass eine Hündin leichter zu erziehen und zudem wesentlich anhänglicher ist. Vielleicht mag es ja auch daran liegen, dass all meine bisherigen Hunde weiblichen Geschlechts waren, who knows …

Durch meine verstorbene Susi hatte ich eine große Vorliebe für Collies und deren Miniaturausgabe, den Shelties, entwickelt. Kleine Hunde, dafür aber mit einer umso größeren Seele! Und als ich dann bei einem Bekannten so einen kleinen, lebenslustigen Sheltie einmal in Aktion erleben durfte, war die Entscheidung für diese Rasse endgültig besiegelt. Das Fellknäuel mit seiner Stupsnase hatte mein Herz im Sturm erobert. Und wie der Zufall es wollte, hatte just in unserer Gegend ein Wurf in einer Sheltie-Liebhaberzucht gerade das Licht der Welt erblickt.

Und ich wusste sofort: dort werden wir es finden, unser neues, vierbeiniges Familienmitglied. Mag man es Schicksal oder Vorsehung nennen, jedenfalls nahm die Geschichte ab da ihren Lauf.

ZWEI

Always A Star

Nachdem unsere Entscheidung für die Anschaffung eines Shelties schließlich gefallen war, machten wir uns fest entschlossen daran, sogleich einen Termin bei der Züchterin zu bekommen, um die kleinen Würmer einmal zu besichtigen. Dort angekommen, wurden wir gleich am Tor von zwei ausgewachsenen Shelties und vier winzigen bellenden Wollknäueln empfangen, die uns unmissverständlich zu verstehen gaben, dass sie hier über den Besitz wachen und diesen bei Bedarf auch hartnäckig verteidigen würden.

„Absolut vorbildlich, ich merke schon, die nehmen ihren Job wirklich ernst!", dachte ich mir.

Nachdem wir von der Züchterin den Hunden gegenüber als „freundlich" deklariert wurden, durften wir eintreten und uns mit den kleinen, gerade mal drei Wochen alten Fellmonstern langsam anfreunden. Vier quirlige Sheltie-Welpen, davon ein Rüde namens „Dark Alvar" und drei Hündinnen mit Namen „Avril Little", „Always A Star" und „Amazing Affair". Allesamt wunderhübsch anzusehen.

Unsere Wahl fiel letztendlich auf den „Star" der Truppe – musste sie ja offenbar sein, da sie von der Züchterin den Namen „Always A Star" bekommen hatte. Oder rührte der Name am Ende von ihrem weißen Stern auf dem Rücken? Wie auch immer, jedenfalls hatte es uns diese kleine Hündin angetan und mit ihrer unbekümmerten Art unser Herz im Sturm erobert. Man musste sie einfach gern haben. Vielleicht war es ja auch wegen des markanten weißen „Stiefels", einer speziellen Farbgebung ihres linken Beines, dass wir uns gerade für sie entschieden haben.

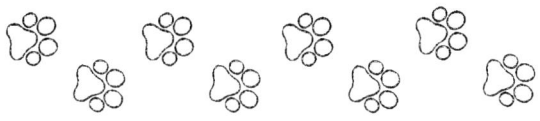

„Der freche, kleine Kerl da, der mit dem weißen Stiefel, der soll es sein!", so entschied meine Frau.

Schon damals fiel uns ihre spitzbübische Art auf, wie sie es mit viel List und Tücke schaffte, den anderen Welpen und sogar den Elterntieren immer wieder ein Schnippchen zu schlagen. Stets tollkühn, frech und einfallsreich, wenn es um ihr geliebtes „Fressi" ging. Kein Wunder also, dass sich der kleine Racker bei der Verteilung von Pansenstückchen sofort rotzfrech das größte Stück stibitzt hatte und dieses mit Leib und Leben verteidigte.

Anfangs war der kleine Welpe uns gegenüber noch etwas scheu und unsicher, aber als sich seine Mama flugs zu mir auf das Sofa setzte und mir liebevoll und ausgiebig die Hand ableckte, war auch bei ihrem kleinen Zögling alsbald das Eis gebrochen. Noch zweimal sollten wir unseren kleinen Sheltie-Welpen besuchen, bevor er mit neun Wochen bereit zum Abholen war.

„Always A Star" mit Papa Danny

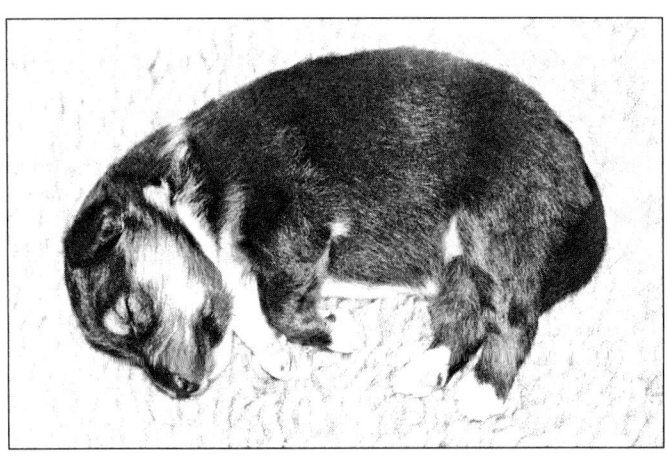

So klein und noch so müde ...

Wie kamen wir eigentlich auf ihren späteren Namen „Sandy"? Fürwahr keine einfache Sache, gab es da von uns beiden doch durchaus unterschiedliche Meinungen und Vorschläge für die Namensfindung.

„Bloß nicht wieder Susi!", meinte meine Frau stirnrunzelnd, wohl ahnend, dass ich mit diesem Namen aus Sehnsucht nach alten Zeiten liebäugelte.

Aber gut, man ist ja kompromissbereit. Ihre Gegenvorschläge „Strolchi", „Stupsi" und „Bello" fielen bei mir durch. „Bello – mein Gott, das geht gar nicht!", sagte ich kopfschüttelnd.

Na, dann weiter in der Suche. Meine geniale Idee, den kleinen Racker nach dem mutigen, kleinen Zeichentrickhund „Scrappy" zu benennen, fiel deshalb leider durch, da eben jener Scrappy männlicher Natur war. So gingen wir einfach das Alphabet durch und kamen dann irgendwie auf Sandy. Plötzlich war der Name da, und wir fanden ihn beide irgendwie richtig in Ordnung.

Also sollte unsere Hündin „Sandy" heißen, das war beschlossene Sache. Wir gaben das sofort telefonisch an unsere Züchterin durch, damit sie den kleinen Welpen gleich an seinen neuen Namen gewöhnen konnte.

Im Nachhinein betrachtet – „Sternchen" wäre vielleicht auch ein passender Name gewesen, in Anlehnung an ihren ursprünglichen Namen „Always A Star". Aber Sandy gefiel uns dann auch ganz gut.

Hey, das ist mein Handtuch!

Sandy, der Tunnel-King

DREI

Ein neues Zuhause
für den kleinen Sheltie

Doch bevor der große Tag der Abholung kommen sollte, waren noch einige Vorbereitungen zu treffen.

„Los jetzt, lass uns Hundesachen einkaufen!", drängte ich meine Frau schon ganz ungeduldig.

Vor lauter Vorfreude auf den kleinen Welpen übermannte uns schließlich ein wahrer Einkaufsrausch, und am Schluss türmte sich in unserem Wohnzimmer ein ganzes Arsenal an Spielsachen, Futter, Leinen und all dergleichen Krimskrams. Natürlich durfte auch ein kuscheliges Hundebettchen nicht fehlen, das unsrige war aus strapazierfähigen Jeans-Stoff und tut heute noch seinen guten Dienst.

„Mein lieber Herr Gesangsverein, da haben wir aber ordentlich zugelangt!", stellte ich etwas zermürbt fest, als ich den bedauernswerten Inhalt meines Geldbeutels inspizierte. „Wahnsinn!"

„Nimm's locker, wir bekommen ja nur einmal einen kleinen Welpen", beruhigte mich meine Frau. „Das passt schon!"

Und was gab es da sonst noch alles zu tun! Sich über die hiesigen Tierärzte erkundigen und in dem Zusammenhang auch gleich nach einer passenden Welpenschule Ausschau halten. Jede Menge Action eben! Aber irgendwie hatten wir dann doch alles ganz gut hingekriegt.

Zählt man sich zu den Glücklichen, die einen Garten ihr Eigen nennen können, so gehört zu einer der wichtigsten Vorbereitungsarbeiten, diesen Garten absolut ausbruchssicher für den kleinen Welpen zu machen. Diesen Rat befolgend machte ich mich daran, unseren Garten abzuschotten. Als erstes begann ich damit, mit den mir zur Verfügung stehenden „handwerklichen" Fähigkeiten einen Bretterverschlag an der Grenze zu Nachbars Garten zu montieren.

„Ich mit meinen zwei linken Händen", dachte ich bei mir „das kann ja heiter werden!"

Das Ergebnis meiner ehrlichen, aber aus handwerklicher Sicht absolut bedauernswerten Bemühungen erzeugte bei meiner Frau mitleidiges Stirnrunzeln. Ein bisschen krumm und schief und so wackelig wie ein Kuhschwanz. Eine echte Jammergestalt von einem Zaun.

Letzteres missfiel mir dann doch gewaltig. So konnte das nicht bleiben! Abhilfe musste her, und ich hatte auch schon eine geniale Idee. Aber dazu musste erst einmal meine Frau außer Reichweite sein. „Sicher ist sicher", dachte ich mir, „bevor ich am Ende noch eine gehörige Abreibung verpasst bekomme."

„Geh doch bitte mal kurz in den Supermarkt, wir brauchen dringend noch etwas Brot!", sagte ich zu ihr. Zugegeben, ziemlich plump das Ganze, aber mir fiel auf die Schnelle nichts Besseres ein. Indes hatte es die gewünschte Aktion ausgelöst, da meine Frau sowieso noch ein paar andere Sachen aus dem Supermarkt benötigte.

Und weg war sie. Jetzt hieß es schnell und beherzt handeln! Mit einer Vielzahl grüner Kabelbinder fixierte ich den wackligen Zaun an ihrem geliebten Kirschlorbeerstrauch. Jeder überzeugte Botaniker würde mich dafür vermutlich zutiefst verfluchen, aber das war mir zu diesem Zeitpunkt vollkommen egal.

„Ja, das sieht schon wesentlich besser aus und hält jetzt bombenfest!", dachte ich bei mir nach vollendeter Arbeit. Ich war stolz auf mich und mein Werk. „Das hast du wirklich gut gemacht, Klaus!", sagte ich zu mir selbst und drapierte noch kunstvoll ein paar Äste und Blätter darüber, damit das Flickwerk bloß nicht auffallen würde. Indes tat es das natürlich, aber meine Frau ließ zum Glück wie gewöhnlich Milde und Nachsicht walten.

Nachdem diese „Meisterleistung" vollbracht war, machte ich mich sogleich daran, jeden Meter Grenze ausführlich hinsichtlich Schlupflöcher zu beäugen, aus denen der kleine Strolch möglicherweise entwischen könnte. Wurden wir doch von unserer Züchterin vorgewarnt, dass die Neugier von einem jungen Welpen unheimlich schwer zu bändigen sei.

„Die Verlockung der großen, weiten Welt mit all ihren interessanten und neuen Erfahrungen ist so groß, dass die kleinen Quälgeister solange suchen, bis sie endlich ein Schlupfloch gefunden haben. Da wird die kleinste Gelegenheit, die sich dem Welpen zum Entwischen bietet, konsequent ausgenutzt!" Diesen gut gemeinten Rat gab uns Züchterin Andrea vorsorglich mit auf dem Weg.

Man kennt das ja aus seiner eigenen Kindheit, dass es gerade die verbotenen Dinge sind, die besonders reizen. Und das ist bei Hundewelpen kein Stück anders.

„Na warte, dem werde ich einen Riegel vorschieben!", dachte ich mir. Nach einem Rundgang, bei dem ich pedantisch jede Ecke des Gartens überprüft hatte, war ich mir absolut sicher, dass der kleine Welpe nirgends durch Hecke, Zaun oder Gartentürchen würde schlüpfen können.

„Der Garten ist so sicher wie das Gefängnis von Alcatraz!", sagte ich zu mir mit zufriedener Miene. „Da geht absolut gar nichts in Sachen Ausreißen!" Doch ich sollte eines Besseren belehrt werden, und das gleich vier Mal!

Doch davon später mehr, ich will der Geschichte nicht vorgreifen.

VIER

Der große Tag naht

Wenn die Entscheidung für einen Welpen erst einmal gefallen ist, dann wird die Wartezeit, bis man ihn endlich in sein Heim holen darf, zur seelischen Tortur. Zumindest empfand ich das damals so. Die Tage erschienen mir wie im Zeitlupentempo zu vergehen. Dann war es endlich soweit. Endlich! Es war ein Dienstag, ich weiß das noch so genau, als wäre es gestern gewesen.

„Alle notwendigen Papiere sind da, alle Impfungen wurden durchgeführt, die kleine Sandy kann abgeholt werden", hörte ich hocherfreut die Stimme der Züchterin Andrea am Telefon sagen.

„Wow, klasse! Na, dann nichts wie los!", drängte ich meine Frau, die mich jedoch zu etwas mehr Gelassenheit aufforderte.

„Cool down, mein lieber Klaus!", sagte sie, „wir werden den Hund noch lange genug haben!"

Na klar, sie hatte ja wie immer Recht, aber wenn einen die Emotion einmal übermannt hat, dann bleibt der Verstand unweigerlich auf der Strecke. Da hilft im Zweifelsfall dann gar nichts mehr. Das hatte wohl auch meine Frau bemerkt und so spannte sie mich denn auch nicht mehr länger auf die Folter. Flugs rein ins Auto und los ging es.

Danny – der stolze Papa von Sandy

Pamina – die überaus liebenswerte Mama von Sandy

Ich war wie berauscht vor Vorfreude und zählte auf dem Weg zur Züchterin jeden einzelnen Autobahnkilometer herunter. Eine Strecke, die wir normalerweise in einer Dreiviertelstunde schafften, kam mir vor, als würden wir heute eine halbe Ewigkeit dafür benötigen.

„Jetzt bloß keinen Stau, bitte, bitte!", dachte ich mir, wohl wissend, dass meine armen Nerven das wohl nicht aushalten würden.

Indes gingen mir während dieser Fahrt auch viele Gedanken und Fragen durch den Kopf. Wie wird sich unser Leben verändern durch den Hund? Wie wird die kleine Sandy die Trennung von ihren geliebten Eltern und Geschwisterchen verkraften? Wie wird sie sich bei uns eingewöhnen? Viele ungeklärte Fragen, gemischt mit leichten Zweifeln. Eben jene Angst und Beklommenheit, die wir Menschen zu haben pflegen, wenn sich einschneidende Veränderungen in unserem Leben ankündigen, und seien sie auch von positiver Natur. Ich beruhigte mich mit dem Gedanken, dass ich seit über 30 Jahren Erfahrung im Umgang mit Hunden hatte und das schon alles schaffen würde, wenn es soweit ist.

Endlich angekommen, erwartete uns das übliche mehrstimmige Begrüßungskonzert, diesmal aber mit sichtlich freundlichem Charakter, man kannte uns inzwischen als willkommene Besucher.

„Hallo, ihr kleinen Shelties!", rief ich freudestrahlend der Meute entgegen und wurde sogleich von einer Hundeschar umringt, die sich ihre obligatorischen

Streicheleinheiten abholte. Na, und wer weiß, vielleicht hatte dieser neue Bekannte ja auch Leckerlis dabei, das machte die Sache natürlich doppelt interessant.

Indes, man merkte die allgemeine Anspannung, die in der Luft lag. Irgendetwas Einschneidendes würde in Kürze passieren. Die Hunde konnten das spüren, ihrem untrüglichen Instinkt entging nichts. Und auch die Züchterin Andrea, der ihre kleinen Welpen verständlicherweise sehr ans Herz gewachsen waren, konnte einen leisen Seufzer nicht unterdrücken. Zumal es ihr A-Wurf und somit auch das erste Mal für sie war, dass sie einen ihrer Lieblinge nun für immer weggeben musste.

Sodann wurden wir von Andrea mit vielen nützlichen Dingen für unsere die kleine Sandy eingedeckt. Da war ihre über alles geliebte Schmusedecke, verschiedene Hunde-Spielsachen, Welpenfutter, Medikamente, natürlich alle notwendigen Papiere sowie ein Ordner mit vielen hilfreichen Tipps für die weitere Zukunft. Andrea hatte all dies mit unheimlich viel Liebe zusammengestellt, man merkte daran deutlich, wie viel ihr an ihren kleinen Lieblingen lag. Sie gab sich wirklich alle Mühe, den neuen Besitzern ihrer kleinen Shelties möglichst viel Rüstzeug mit auf den Weg zu geben. Sollte ich vor lauter Trubel vergessen haben, mich damals richtig bei ihr zu bedanken, dann möchte ich dies nachträglich nochmals tun.

Doch dann galt unser Blick nur noch einem: diesem kleinen, schwarzen Fellmonster mit dem markanten weißen Fleck auf dem Rücken und dem einen weißen

Beinchen. Neun Wochen war er (bzw. natürlich war es ja eine „Sie") inzwischen alt und schon ein ganz schönes Stück gewachsen. Noch war der Schwanz so dünn wie ein kleines Schnürchen und unheimlich lustig anzusehen. Ihr typischer, buschiger Schwanz, in dem sich die Zweige im Wald so wunderbar verheddern, sollte noch ein gutes Jahr bis zu seiner vollen Blüte benötigen.

„Sandy!", rief ich voller Erwartung, und siehe da, sie schien ihren neuen Namen bereits zu kennen, denn sie warf ihren Blick sofort in meine Richtung. Auch in diesem Punkt hatte Andrea ganze Arbeit geleistet.

Der überglückliche, neue „Papa"

Wir gönnten der kleinen Sandy zum Abschied noch ein kurzes, gemeinsames Herumtollen mit ihren Artgenossen, doch dann sollte es auch gleich losgehen in Richtung Heimat.

„Na komm, kleine Sandy, komm her zu mir!", lockte ich sie, und prompt kam das kleine Fellknäuel zu mir her getippelt. Ich nahm sie vorsichtig auf den Arm und ließ ihr eine ordentliche Portion Streicheleinheiten zukommen. Zunächst hielt die kleine Sandy dies noch für ein neues Spiel, doch als ich mit ihr im Arm in Richtung unseres Autos lief, begann sie sehr schnell, den Braten zu riechen.

„Hey, die nehmen mich einfach mit, was soll das denn?", dachte sie sich und stimmte, völlig außer sich, sogleich ein lautstarkes Beschwerde-Bellen an. Es war jenes hohe, verzweifelte Bellen, das aus einer tief verletzten Seele rührte. Es ging allen Anwesenden durch Mark und Bein. Nur allzu verständlich, denn das, was gerade passierte, war für den kleinen Welpen ein ungeheurer Schock. Abrupt wurde er aus der gewohnten Umgebung herausgerissen und von den geliebten Eltern und Geschwistern getrennt.

Und genauso schwer fiel der Züchterin Andrea der Abschied. Ein letztes Streicheln und ein „Mach's gut und pass auf dich auf, meine Kleine!", gab sie ihr noch mit auf den Weg. Eine kleine Träne konnte sie sich dennoch nicht verkneifen. Wir vermieden es bewusst, ein großes Tamtam um den Abschied zu machen, das hätte die Sache für alle nur noch schwerer gemacht.

„Kurz und schmerzlos" war wohl in diesem Fall für alle Beteiligten die beste Lösung.

So saß sie nun da, wie ein begossener Pudel, und verharrte auf dem Rücksitz unseres Autos und wusste nicht, wie ihr geschah.

„Ich will wieder nach Hause!", sah man ihren flehenden Augen an. Ihr Blick richtete sich sehnsüchtig in Richtung ihrer alten Heimat, dorthin, wo sie geboren worden war und wo sie die ersten neun Wochen ihres noch jungen Hundelebens voller Glück im Kreise ihrer Familie hatte verbringen dürfen.

„Soll das nun alles vorbei sein?", mag sie sich wohl gedacht haben, als die Fahrt begann und wir uns immer weiter entfernten von ihrem geliebten Zuhause. So allmählich wurde ihr klar, dass der Abschied wohl von endgültiger Natur sein würde. Das anfänglich laute Jammern ging alsbald in ein leises, von einem tiefen Weltschmerz geprägtem Wimmern über.

Um ihr die Angst zu nehmen, setzte ich mich zu ihr auf dem Rücksitz und nahm sie in meine Arme. Noch etwas unsicher schaute sie zu mir herauf, zu mir, den sie zwar von unseren Besuchen her schon kannte, aber von dem sie nicht so recht wusste, was er von ihr nun wollte.

„Bist Du jetzt mein neues Herrchen?", schien sie sich ganz zögerlich zu fragen.

Um ihr über den Trennungsschmerz etwas hinwegzuhelfen, beschäftige ich sie mit ihrem „Sterni", einem Plüschknochen, den sie über alles liebte.

Diese Ablenkung half sofort, und als ich ihr noch einige Streicheleinheiten zukommen ließ, schlief sie alsbald selig in meinen schützenden Armen ein. Kein Wunder, dass sie so müde war, angesichts der ganzen Aufregungen, die sie in den letzten Stunden hatte miterleben müssen.

So waren alle Sorgen, die ich mir wegen der Heimfahrt gemacht hatte, ganz umsonst gewesen. Die Zeit der Heimfahrt verging wie im Flug und schon bald kamen wir in unserem Zuhause an, das in Zukunft auch das ihrige werden sollte.

Wir stellten sie erst einmal mitten in unser Wohnzimmer und gaben ihr alle Zeit der Welt, sich vorsichtig in ihre neue Umgebung einzugewöhnen. So stand sie nun da, wie ein Häufchen Elend, die arme Kleine, noch etwas unsicher auf ihren wackligen, dünnen Beinen, inmitten des großen unbekannten Raumes.

„Wo bin ich hier bloß gelandet? Was wird mich hier wohl alles erwarten?", fragte sie sich noch sichtlich verwirrt.

„Da sind jetzt auf einmal diese beiden Menschen in diesem fremdem Haus. Die kenne ich schon von den Besuchen her, die sind eigentlich ganz in Ordnung. Bloß die Umgebung hier ist für mich ganz neu und ungewohnt", dachte sie sich.

„Na, wenigstens haben die hier einen schönen Garten, wo ich mich so richtig nach Herzenslust austoben kann. Nur blöd, dass ich jetzt nicht raus darf. Na gut, dann schaue ich mich eben erstmal hier drinnen um, was es da so alles gibt."

Nachdem sie diesen Vorsatz gefasst hatte, begann sie sogleich damit, ihr neues Zuhause systematisch zu erkunden. Ein gutes Zeichen, denn aus der anfänglichen Angst wurde schon bald Neugierde angesichts der vielen neuen Eindrücke, die sich ihr boten.

Und natürlich kam es, wie es kommen musste. Kaum hatten wir uns versehen, hatte sie auch schon – zack – die erste Lache in unserem Wohnzimmer abgesetzt.

„So, jetzt ist mir wohler!", dachte sich die kleine Sandy sichtlich erleichtert, schüttelte sich und begann damit, ihre ersten Freudensprünge zu vollführen. Damit hatte unser Wohnzimmer seine erste „Weihe" erfahren. Doch es sollte wahrlich nicht die einzige bleiben.

Indes waren ihre Freudenausbrüche im neuen Heim ein sehr gutes Zeichen. Die erste Hürde war geschafft! Die Grundlagen für viele weitere glückliche Hundetage waren gelegt. Wir konnten uns nun guten Gewissens auf eine gemeinsame Zukunft mit unserem neuen Vierbeiner freuen!

FÜNF

Die erste Nacht
in der neuen Heimat

Aller Anfang ist bekanntermaßen schwer. So richtig fressen mochte die kleine Sandy noch nicht. Kein Wunder, bei all den Aufregungen und neuen Eindrücken, die ihre kleine Hundeseele auf einmal zu verarbeiten hatte. Und so etwas macht müde, unheimlich müde!

„Huuuaaah! Bin ich hundemüde!", konnte ich ihrem lang gezogenem Gähnen entnehmen. Und gleich noch mal „Huuuaaah!"

„Es ist Schlafenszeit!", verkündete ich deshalb entschlossen, und das gesamte „Schmidt-Rudel" trabte ab in Richtung Schlafzimmer. Dort entdeckte Sandy auch gleich das für sie bereit gestellte Schlafkörbchen, das wir mit einem flauschig weichen Fell ausgelegt hatten, damit sich der kleine Welpe auch wohlfühlte.

„Klasse!" dachte sich die kleine Sandy, „da kann ich mich ja so richtig schön reinkuscheln! Hey, und mein Lieblings-Plüschknochen liegt ja auch mit drin, echt super!" Nachdem sie ihre neue „Höhle" bezogen hatte, verfiel sie auch sogleich in einen seligen Hundeschlaf.

Puh, damit war der erste Tag erst einmal geschafft. Das war ein hartes Stück Arbeit, für beide, Herr und

Hund. Indes waren die Aufregungen dieses Tages wohl so intensiv für sie, dass sie im Traum nochmals alles durchlebte. Die Zuckungen ihrer kleinen Pfötchen ließen dies eindrucksvoll erahnen. Das war unheimlich komisch anzusehen.

„Schau mer mal, was die erste Nacht uns für Überraschungen bringen wird", sagte ich zu meiner Frau, wohl wissend dass ein Welpe in diesem Alter in der Regel noch nicht stubenrein ist.

Doch ich hatte vorgesorgt. Zur Sicherheit hatte ich ihr Körbchen gleich direkt neben meinem Bett platziert, in der Hoffnung, aufzuwachen, wenn sich in der Nacht drohendes Ungemach ankündigen würde. Mit einer Blitzaktion würde ich dann den kleinen Racker ins Freie befördern, bevor es zum Absetzen der kleinen und großen Geschäfte kommen würde.

Und sollte das nicht hinhauen, so hatte ich noch „Plan B" in petto. Irgendeinem schlauen Rat von einem noch schlaueren Hundekenner folgend, legte ich zusätzlich ein Stück Karton vor ihr Körbchen, in der Hoffnung, dass das ihr ausgewählter Platz zum Absetzen der Notdurft sein würde, falls ich doch zu spät kommen sollte. Außerdem hatte ich die Schnapsidee, die gesamte Fläche unter unseren Betten mit Umzugskartons auszulegen, nur für den undenkbaren Fall, dass vielleicht dort etwas passieren könnte. Umzugskartons waren ja noch genügend da, da wir erst kürzlich in unser Haus eingezogen waren. Na dann los!

Mit dem (vermeintlich) sicheren Gefühl, die Lage absolut im Griff zu haben, verfiel ich alsbald in einen seligen Schlaf. Was ich nicht bedacht hatte, war, dass mich der zurückliegende Tag wohl mindestens genauso angestrengt hatte wie den kleinen Hund, und so schlief ich tief und fest bis zum nächsten Morgen.

Es muss wohl gegen sieben Uhr morgens gewesen sein, als ich aufwachte und, noch etwas benebelt, einen durchdringend beißenden Geruch in der Nase verspürte. Eben jene Art von Gestank, bei der man sofort weiß, dass die K… am Dampfen ist, und das nicht nur sprichwörtlich, sondern in diesem Falle überaus real. Das ging durch Mark und Bein.

„Boah, stinkt das hier, Giftgasalarm!", rief ich aufgeregt zu meiner Frau und wie zur Bestätigung dessen hielt sie sich fest die Nase zu.

„Wo ist die verdammte Sch…?"

Sichtlich in Eile suchten wir das Corpus Delicti, um uns dieses Übelgeruchs schnellstens zu entledigen. Die kleine Sandy zeigte sich derweil ganz fasziniert von dieser hektischen Aktion und hielt das für ein ganz tolles, neues Spiel. So toll, dass sie vor lauter Freude gleich mal ihre morgendliche Pfütze am Fußboden absetzte. Und das natürlich nicht, wie geplant, auf dem schützenden Umzugskarton, sondern mitten hinein auf unseren schönen, neuen Korkboden.

„Auch das noch!", dachte ich mir, indes war dies im Augenblick absolut zweitrangig, die Rettung unseres nackten Lebens vor einer drohenden Gasvergiftung hatte Prio 1.

„Da ist es, da! Unter dem Bett auf den Umzugskartons", rief ich mit gequälter Miene „und was für eine

Ansammlung an Haufen, Wahnsinn! Gleich fünf an der Zahl!" Und bekannterweise riecht nichts so intensiv wie Welpenkot, mag es an dem speziellen Welpenfutter liegen, warum auch immer. Doch jetzt hieß die Devise: Nur nicht den Kopf verlieren, sondern schnell und entschlossen handeln!

„Fenster auf, schnell!", rief ich meiner Frau zu, und mit einem beherzten „Zack" wanderte das ganze Geraffel im hohen Bogen aus dem Fenster.

Was mag das wohl für ein kurioses Schauspiel für vorbeilaufende Passanten gewesen sein! Bayrisches Rama Dama am frühen Morgen. Indes war es mir im Moment schnurzegal, was die da unten sich denken mochten, Hauptsache, es herrschte im Schlafzimmer wieder einigermaßen Luft zum Atmen.

„Puh, geschafft!" Ich atmete sichtlich erleichtert auf und beschloss, gleich als Nächstes bei der nahe gelegenen Tankstelle einen Raumduft als Geruchskiller zu besorgen. Als Andenken hängt noch heute, nach all den Jahren, der Wunderbaum Marke „Green Apple" an unserem Regal im Schlafzimmer. Inzwischen kümmerte sich meine Frau um das kleinere Problem, den Pipi-See, und mir fiel die undankbare Aufgabe zu, die voll gesch… Umzugskartons sachgerecht zu entsorgen. Na klasse!

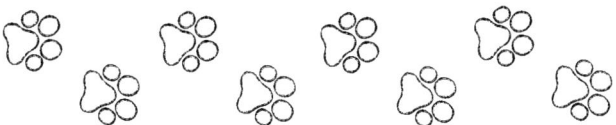

SECHS

Auf Entdeckungsreise im neuen Zuhause

Nachdem wir nun unfreiwilligerweise gleich so richtig in Schwung gekommen waren, konnte der neue Tag mit unserem Sheltie-Welpen beginnen. Zu meiner Freude kam mir Klein-Sandy vergnügt entgegengehüpft, als ich mich anschickte, in den Garten zu gehen.

„Toll, endlich darf ich hinaus in den Garten! Den muss ich gleich mal auf Herz und Nieren abchecken!" Das konnte ich ihrem freudigen Sheltie-Gesichtchen deutlich anmerken.

Na also! Neuer Tag, neues Glück, heute sah die Welt für sie schon ganz anders aus. Der erste Tag in der Fremde ist wohl immer der schwerste, aber inzwischen hatte sie sich schon ein bisschen in ihr neues Zuhause eingewöhnt. Das ließ bei mir den gerade erlebten Ärger sofort verfliegen.

Mit ihrem schelmischen Gesicht schaute sie mich an, als wollte sie mir sagen: „Hey, ihr beiden Zweibeiner seid eigentlich ganz nett! So langsam gewöhne ich mich an euch."

Der Tag war vollständig ausgefüllt vom Kennenlernen der neuen Umgebung. Jedes Eck in unserem Haus

und im Garten wurde von dem kleinen Racker ausführlich beschnuppert und inspiziert.

„Aha, so sieht sie nun also aus, meine neue Heimat!", stellte die kleine Sandy fest. „Gleich mal meine
Duftmarke hinterlassen, damit auch jeder weiß, dass
das ab heute *mein* Revier ist!"

Gesagt, getan, hatte sie sich auch gleich hingesetzt in
ihrer typischen „Pisi-Stellung", um ein Wässerchen

abzulassen. Und schwupp,
folgte alsbald ein Häufchen in
mehr oder weniger festem
Aggregatszustand. Amüsant zu
beobachten, wie sie nach dem
Ablegen ihres „Würstchens"
mit den Hinterpfoten hinter-
her scharrte, als ob sie das Corpus Delicti auf irgend-
eine Art und Weise zudecken wollte. Und dann, quasi
als krönender Abschluss, zelebrierte sie ein heftiges
und erlösendes Schütteln, ganz nach dem Motto „So,
das war's!"

Für mich war's das natürlich nicht gewesen, denn
mein undankbarer Job bestand nun darin, das delikat
riechende Etwas auf dem Rasen wegzuräumen. Aber
gut, was macht man nicht alles für den neuen Mitbewohner. Also, Plastikhandschuh ausgepackt und frischen Mutes ran an den Speck. Puh, da waren sie wieder, diese Dämpfe …

Unsere Nachbarn hatten inzwischen auch schon
bemerkt, dass da seit Neuestem ein niedliches Fellmonster den Garten unsicher machte und kamen auch

schnurstracks zu uns herüber, um mit ihr Bekanntschaft zu schließen.

„Hach, ist der süüüß …!", schallte es sogleich aus aller Munde. Na, das war ja auch nicht anders zu erwarten. Eine Vielzahl kleiner und großer Hände griffen nach der kleinen Sandy, die sich das nur allzu gerne gefallen ließ, genoss sie es doch sichtlich, im Mittelpunkt zu stehen und der Star der Manege zu sein. Na klar, wen wunderte es, sie war ja schließlich auch „Always A Star".

Dieses aufgeregte Treiben blieb natürlich auch dem Nachbarshund zu unser Linken nicht verborgen. Ein Mischling namens Gypsy, der irgendwie nach Schäferhund aussah, aber irgendwie auch wieder nicht, rundum ein drolliges Kerlchen eben. Dem passte es natürlich gar nicht, dass ihm da ein neuer Hund jetzt ordentlich die Schau stahl. Sofort meckerte er dies auch durch aufgebrachtes Bellen an.

„Hey, mich gibt es auch noch!", gab er unmissverständlich zu verstehen, und ich ging zu ihm hin, um ihn etwas zu besänftigen. Das ließ meine kleine Sandy natürlich auf keinen Fall durchgehen.

„Ich bin hier die Nummer Eins!", machte sie sofort und eindringlich klar, indem sie ihr Spiel postwendend unterbrach und zu mir hergespurtet kam, um sich sogleich zwischen mir und dem Nachbarshund zu drängen. Zum Glück folgte kein Scharmützel, sondern ein friedliches und ausführliches gegenseitiges Beschnuppern.

„Aha, das ist also der neue Nachbarshund", stellte Gypsy fest und forderte meine kleine Sandy auch sogleich zum Spiel auf. Indes konnte nichts aus dem Spiel werden, da ein unüberbrückbares Hindernis in Form eines Maschendrahtzauns im Wege stand.

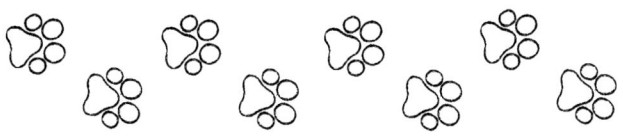

Überhaupt gab es in der ersten Zeit für den kleinen Welpen nichts Schöneres als Spielen, Herumtollen und Schlafen, immer wieder Schlafen, wie das ein Hundekind eben mal so tut. Inzwischen hatte sie sich auch schon ihren Stammplatz auf unserem Sofa „erarbeitet". Kaum, dass wir uns versahen, wurde unser Sofa zu ihrem höchstpersönlichen Thron deklariert.

„So, das ist ab heute *mein* Platz!" Das war ihrem entschlossenem Gesicht eindeutig zu entnehmen.

Indes, wir konnten damit leben, war doch unser Sofa groß genug für uns alle drei. Nicht leben konnte ich allerdings mit der Ansammlung ihrer geliebten „Spielis", die sie mit schöner Regelmäßigkeit auf unser Sofa schleifte. Das war mir dann doch irgendwann einmal zuviel, zumal die Dinger immer entsetzlich vollgesabbert waren.

„Bäh! Sofort runter mit dem Ding!", forderte ich die kleine Sandy vehement auf, als sie ein erneutes Mal eines ihrer Sabberdinger aufs Sofa schleifte.

Klein-Sandy auf ihrem über alles geliebten Sofa

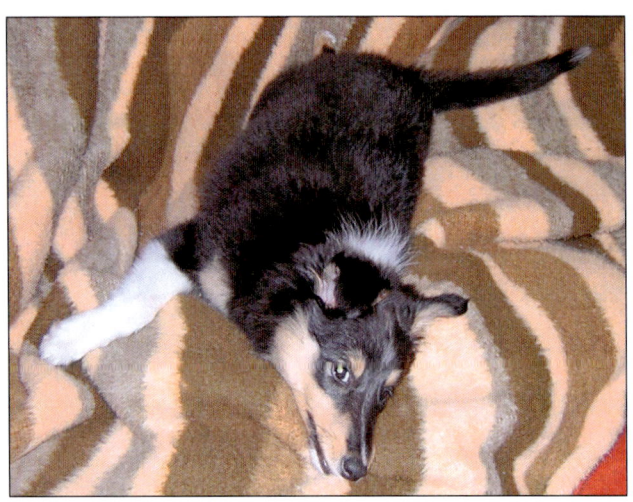

Mei, bin ich relaxt!

Das passte ihr nun gar nicht, und mit mürrischem Blick packte sie das Spielzeug zwischen ihre spitzen Zähnchen und zerrte es wieder zurück auf den heimischen Fußboden. Es reichte mir schon, dass eine Ansammlung ihrer Spielsachen wild verstreut im Wohnzimmer herumlagen, meinetwegen, aber das Sofa war für Spielsachen verbotene Zone, und damit basta!

Der Tag verging wie im Flug und schon bald brach der Abend heran. Nach den Erlebnissen der vergangenen Nacht sahen wir mit etwas Bangen den kommenden acht Stunden entgegen, gepaart mit der leisen Hoffnung, dass diese Nacht möglichst ohne schwerwiegende Zwischenfälle abgehen würde. Im Schlafzimmer angekommen, schnappte sich die kleine Sandy gleich mal einen meiner Socken und entführte ihn in ihr Körbchen.

„Der riecht nach meinen neuen Rudelführer", mag sie sich wohl gedacht haben, „den hole ich mir gleich in meine Höhle, dann fühle ich mich sicher!"

Ich ließ ihr natürlich diese Freude, wunderte mich aber dennoch etwas, was denn dieser nach alten Käsefüßen stinkende Socken für einen zweifelhaften Reiz auf sie ausstrahlen könnte. Aber gut, ich bin ein Mensch und nun mal kein Hund.

Angesichts der delikaten Vorkommnisse in der vergangenen Nacht hielt ich diesmal immer ein Ohr offen, um gleich auf eventuelle Bedürfnisse der Kleinen reagieren zu können. Das war aber überraschenderweise gar nicht nötig! Die kleine Sandy schlief durch bis morgens halb acht Uhr. Gleich nach dem

Aufwachen ging es hinunter in den Garten, wo sie brav ihre großen und kleinen Sachen erledigte, um anschließend noch eine gute Stunde weiterzuschlafen. Ganz toll, wir hatten einen ersten Erfolg in Sachen „Durchschlafen" geschafft.

Spielst du mit mir Tauziehen?

SIEBEN

Das leidige Thema „Stubenreinheit"

Die Zeit, bis ein kleiner Welpe vollständig stubenrein ist, kann unterschiedlich lang ausfallen. Hier
sind in der Tat gute Nerven und ein Stück weit Gelassenheit gefragt, auch wenn es manchmal sichtlich
schwer fällt.

Auch ich kann nicht leugnen, dass ich oftmals ganz
schön sauer auf den kleinen Kerl war, wenn er wieder
mal ganz ungeniert seine Notdurft in der Wohnung
verrichtet hatte, sei es in flüssiger oder fester Form.
Allerdings war dies bei uns weniger das Problem, da
wir fast ausschließlich Fliesen oder Korkböden hatten,
auf denen das Corpus Delicti einfach und schnell und
ohne Rückstände beseitigt werden konnte. Wie bemit-
leidete ich in solchen Situationen doch Leute mit
schönen, womöglich auch noch hellen Teppichen! Für
sie musste die erste Zeit bis zur Stubenreinheit die
absolute Hölle sein. Aber da muss man wohl oder übel
durch, wenn man sich einen jungen Hund ins Haus
geholt hat.

Manche Welpen erlernen die Stubenreinheit erstaunlich schnell, wieder andere benötigen eine ganze Weile,
bis sie begriffen haben, dass man seine Bedürfnisse
nicht im eigenen Revier und schon gar nicht innerhalb
der Wohnung machen darf. Bei unserer Sandy dauerte

dieser Prozess, ich würde mal sagen, „mittellang", also etwa vier bis sechs Wochen nach ihrer „Eingemeindung" in unser Haus. Aber irgendwann hat sie es dann doch hingekriegt.

Indes gab es in dieser kritischen Zeit doch immer wieder Momente, in denen ich nah am Verzweifeln war und die Welt nicht mehr verstand. So ging ich beispielsweise in der ersten Zeit wirklich ausgiebig Gassi mit der kleinen Sandy, um die unliebsame Misere der „häuslichen Entleerung" tunlichst zu vermeiden. So waren wir dann an die zwei Stunden in Wald, Flur und Wiese unterwegs, in der Hoffnung, dass sich der kleine Welpe auch vollständig entleeren würde. Wie verrückt hatte ich „Mach Pisi und Kacki!" gebrüllt, doch am Ende ... weit gefehlt! Nichts passierte, absolut gar nichts! Aber dann: Kaum zuhause angekommen, rannte der kleine Strolch ins Wohnzimmer und machte freudig *genau dort* seinen Haufen hin. So ein verdammter Mist! Es war total zum Verzweifeln! Da war man nun ewig im Freien unterwegs, und der kleine Schlingel dachte nicht mal im Traum daran, etwas zu machen, und dann das!

In solchen Momenten kann es dann schon einmal vorkommen, dass man an seiner Fähigkeit als Hundehalter zu zweifeln beginnt. Auch gebe ich zu, ohne dabei Schuld zu empfinden, dass ich manchmal in meiner Verzweiflung den armen, kleinen Kerl als einen „jämmerlichen Hundskrüppel" beschimpft habe und mir ernsthaft die Frage stellte, ob es nicht am Ende doch ein Fehler war, ihn ins Haus zu holen. Indes sind solche Empfindungen meiner Meinung nach ganz normal, weil allzu menschlich, und jeder Hundebesitzer belügt sich in meinen Augen selbst, wenn er bestreiten würde, dass ihm nicht schon Ähnliches widerfahren wäre.

Ich bin halt noch so klein, habt ein bisschen Nachsicht mit mir

Aber bitte nicht verzweifeln, lieber Hundefreund! Diese Erlebnisse machen wohl alle Hundehalter am Anfang durch. Auch wenn man den kleinen Welpen in solchen Situationen am liebsten auf den Mond schießen würde, ist man deswegen wirklich kein schlechter Mensch. Indes bleibt die beruhigende Gewissheit, dass sich mit zunehmenden Alter des Hundes alles sehr schnell legen und normalisieren wird und dass dem viele schöne Tage, Wochen, Monate und Jahre folgen.

ACHT

Zäune und Schlupflöcher

Für neugierige, kleine Welpen liegt es in der Natur der Sache, auf Entdeckungsreise zu gehen. Na klar, alles ist neu und spannend in dieser großen Welt, das ist für so ein kleines Hundekind natürlich unheimlich verlockend. Schützende Zäune sind dabei absolut keine Hindernis, sondern im Gegenteil, eher eine willkommene Herausforderung.

Ich war diesbezüglich von der Züchterin Andrea vorgewarnt worden und hatte, meiner Meinung nach, den Garten absolut ausbruchssicher gemacht. „Da geht gar nichts!", war ich mir sicher, doch ich sollte mich noch gewaltig irren. Was sich dabei abspielte, hatte etwas von einer unfreiwilligen Komik, doch lesen Sie selbst.

Urlaubstage sind typischerweise solche, die der Erholung von dem alltäglichen Stress dienen sollen, dem der moderne Mensch von heute ausgesetzt ist. Ich hatte Urlaub, und so machte auch ich mich daran, den Tag mit Faulenzen und möglichst wenig körperlicher Anstrengung zu verbringen. Ein Buch lesen, oder ganz einfach meine Lieblingsserie im Fernsehen anschauen. Meine kleine Sandy ließ ich derweil hinaus in den Garten, mit dem sicheren Gefühl, dass da schon nichts passieren könnte. Der Garten war ja absolut ausbruchssicher. Das dachte ich zumindest bis zu diesem Zeitpunkt.

Urplötzlich riss mich das Klingeln des Telefons aus meiner wohlverdienten Ruhe. Mein Nachbar war am anderen Ende dran.

„Hey, wir haben da einen Hund in unserem Garten", berichtete er mir mit grinsender Stimme.

„Das kann nicht sein!", antwortete ich. Wie auch? Oder etwa doch?

Kurzerhand legte ich den Hörer auf und begab mich hinaus in den Garten, um zu checken, was Sache ist. Da war kein Hund im Garten, das konnte doch nicht wahr sein! Da ich deutlich ein Bellen aus dem Nachbarsgarten hörte, ging ich einen Stock höher auf unseren Balkon, um die Sachlage von oben besser überblicken zu können. Und tatsächlich, der kleine Racker war drüben in Nachbars Garten! Und das wahrlich unüberhörbar!

„Wie konnte das der kleine Spitzbube nur schaffen?", fragte ich mich sichtlich verdutzt.

Mit einem lautstarken Ruf „Sandy!" versuchte ich, die geschätzte Aufmerksamkeit meines Welpens auf mich zu richten, was auch von Erfolg gekrönt war. Sie entdeckte mich auch sofort auf dem Balkon, verstärkte aber noch ihr durchdringend lautes Gebell, anstelle einzuhalten. Und es war ein schadenfrohes Bellen, ein Siegesgebell, da gab es überhaupt keinen Zweifel!

„Dich habe ich sauber dran gekriegt!", entnahm ich ihrem schelmischen Gesicht. Ja, in der Tat war es so etwas wie ein Lachen, ein Lachen über mich, der ratlos da oben auf dem Balkon stand und wie ein Affe herunterbrüllte. Mein Nachbar amüsierte sich köstlich über dieses Schauspiel, merkte er doch, dass der kleine Hund mich ordentlich an der Nase herum geführt hatte.

Runde Eins in diesem Spiel ging also eindeutig an die kleine Sandy. Ja, in der Tat war es irgendwie ein Spiel, und nun war ich gefordert, den nächsten Zug zu machen. Und dieser Zug musste wohl durchdacht sein, damit er am Ende auch von Erfolg gekrönt sein würde. Ich begab mich also in den Garten und rief Klein-Sandy zurück, und fand auf diese Weise heraus, wo sie die Möglichkeit gefunden hatte, sich zu verdünnisieren.

„Aha!", bemerkte ich, „meine geniale Zaunkonstruktion geht nicht vollständig durch bis zur Gartenmauer. Klarer Fall von Fehlkonstruktion. Na warte, dich kriege ich!" Sodann machte ich mich daran, das Schlupfloch mit Ästen und Geflecht einigermaßen dicht zu machen. Das schien zunächst Erfolg zu haben. Die kleine Sandy merkte wohl den Unterscheid und konnte nun nicht mehr ohne Weiteres ins Nachbarsgrundstück entfleuchen.

„Das war's!", dachte ich mir, „alles Paletti, jetzt kann ich mich wieder zur Ruhe begeben."

Doch falsch gedacht! Die ersehnte Ruhe hielt nicht lange an. Während ich mich wieder auf mein gemütliches Fläz-Sofa zurückzog, ereilte mich alsbald der gleiche Anruf wie vorher. „Was ist denn nun schon wieder? Das gibt's doch gar nicht! Ja Kruzifix!"

Aber klar, der unverkennbare Klang von lautem Gebell schallte wieder von Nachbars Grundstück herüber. Sie hatte es erneut geschafft, die kleine Madam, wie auch immer ihr das gelungen war. Und wieder wufferte sie sich in Nachbars Garten freudig die Kehle aus dem Leib, so laut, dass man es in der ganzen Siedlung hören konnte. Peinlich, peinlich! Als ich die Sachlage auch diesmal aus erhöhter Position betrachtete, schaute sie, wie beim letzten Mal, spitzbübisch zu mir herauf, natürlich mit dem gleichen schadenfrohen Lachen in ihrem kleinen Sheltie-Gesicht.

Da war es wieder, ihr obligatorisches Siegesgebell, diesmal aber noch lauter und von deutlich hämischerer Natur. Verdammt! Runde Zwei ging damit schon wieder an die kleine Sandy.

Da ich es wirklich hasste, von so einem kleinen Kerl ausgelacht zu werden, beschloss ich, Nägel mit Köpfen zu machen. Diesmal montierte ich ein massives, mannshohes Brett vor das Schlupfloch.

„Damit wird zukünftig nichts mehr gehen!", war ich mir sicher.

Und ich sollte Recht behalten. Ihrer Sache sicher, wartete Sandy diesmal erst gar nicht, bis ich wieder ins Wohnzimmer zurück gegangen war. In vollem Karacho rannte sie los in Richtung Nachbars Garten, den üblichen Weg unterhalb der Hecke nehmend.

„Jetzt geht's rund mit dem jungen Hund!", dachte sie sich frohlockend und wollte mich gleich ein erneutes Mal foppen.

Da das vermeintliche Schlupfloch im Schutze der Hecke lag, sah die kleine Sandy das Brett zu ihrem Unglück zunächst nicht. Mit einem Affenzahn schlug sie den gewohnten Weg ein, wollte sie mir doch so schnell wie möglich beweisen, dass sie ein weiteres Mal ohne viel Schwierigkeiten in Richtung Nachbars Garten türmen konnte.

Aber hätte sie ihren Weg mit Bedacht gewählt, dann wäre das Folgende wohl nicht passiert. Im vollen Lauf in Richtung Schlupfloch rasend, erkannte sie das neue Hindernis nicht rechtzeitig und rumpelte mit einem lautstarken „Dengel" an das massive Brett. Was für ein Schlag! So hörte sich also ein Hundekopf an, der im vollen Lauf gegen ein Brett knallt.

„Interessanter Sound", dachte ich schmunzelnd bei mir und konnte mir ein bisschen Schadenfreude dann doch nicht verkneifen.

„Ha! Runde Drei geht jetzt aber eindeutig an mich!", triumphierte ich, als ich nach einigen Schrecksekunden einen kleinen Sheltie-Welpen mit total bedröppeltem Gesicht aus der Hecke heraus schleichen sah. Allerdings verflog meine Schadenfreude sofort, als ich das bemitleidenswerte, kleine Fellmonster so dastehen sah. Voller Mitgefühl nahm ich sie auch gleich auf den Arm, um sie danach ausgiebig zu trösten.

Aus dieser Erfahrung heraus möchte ich allen Welpenbesitzer einen abschließenden Rat mit auf den Weg geben: Niemals einen jungen Welpen unbeaufsichtigt im Garten lassen! Er wird eine Lücke zum Ausbüchsen finden, und sei sie noch so klein!

NEUN

Ein kleiner Welpe geht zur Schule

So! Die Eingewöhnung in ihr neues Zuhause hatte Klein-Sandy nun erfolgreich bewältigt. Sie war endgültig im Hause Schmidt angekommen und wurde ein Teil des berüchtigten „Schmidt-Rudels". Der erste Schritt hinein in ihr neues Leben war getan.

Nun war es an der Zeit, dem kleinen Kerl eine konsequente Erziehung angedeihen zu lassen, um das gemeinsame Zusammenleben in geordnete Bahnen zu lenken. Das nahm ich als „der Chef" sogleich entschlossen in die Hand, war ich doch derjenige mit „Berufserfahrung" in Sachen Hundeerziehung. Wobei es natürlich auch noch einen „Chef Nummer Zwei" gab, meine liebe Frau Margret. Aber ich war eben „Chef Nummer Eins", na, jedenfalls bildete ich mir das so ein.

Konsequent durchgesetzte Regeln mögen zwar für Nicht-Hundekenner wie pedantischer Drill aussehen, indes erleichtern sie das Leben des jungen Hundes ungemein. Der Welpe erhält auf diese Weise eben jene Verhaltenssicherheit, auf die er im täglichen Leben unbedingt angewiesen ist.

In diesem Kontext ist demokratisches Verhalten denkbar unangebracht, hier gibt es in der Tat nur *eine* einzige alltagstaugliche Variante: den Rudelführer, der das Sagen hat und den Hund, der seinen Anweisungen punktgenau Folge leistet. Alles andere ist, gelinde gesagt, großer Murks und führt zu Dauerstress im gemeinsamen Zusammenleben. Darüber hinaus bildet ein konsequentes Handeln gleichsam die Grundlage für die emotionale Ausgeglichenheit des Hundes: Er weiß einfach, woran er ist.

Wie immer im Leben macht das Lernen viel mehr Spaß, wenn man es in der Gruppe vollzieht. Und gerade Welpen tun sich im Kreise ihresgleichen wesentlich einfacher. Da mit der körperlichen Entwicklung des Welpen gleichsam die Entfaltung seines Charakters einhergeht, ist es von großem Vorteil, ihn mit gleichaltrigen Hundekindern verschiedener Couleur und Rasse in Kontakt zu bringen, um auf spielerische Weise eine gute Sozialisation des jungen Hundes zu fördern. Schlecht sozialisierte Hunde entwickeln sich in ihrem späteren Leben oftmals zu regelrechten Angstbeißern, weil sie nie gelernt haben, die Signale ihrer Artgenossen richtig zu deuten.

Deshalb lege ich jedem Welpenbesitzer dringend den Besuch einer Welpenschule ans Herz! Die dafür notwendige Zeit und das Geld ist wirklich sehr gut investiert und zahlt sich im späteren Leben mit dem Hund aufs Vielfache aus! Zumal der Besuch einer Welpenschule auch etwas unheimlich Kommunikatives für die Hundebesitzer hat! Ich vermisse noch heute schmerzlich diese unterhaltsamen Stunden mit den anderen Frauchen und Herrchen.

Und heute war es nun endlich soweit, der große Tag der „Einschulung" unserer kleinen Sandy stand an. Indes hatten wir keine extra Schultüte für sie gemacht, nein, sie ist nun einmal ein Hund und kein Mensch. Eine ordentliche Portion „Leckerlis" taten es da auch, und, na ja, eine Tüte hatten wir dann doch dabei, die aber natürlich einem ganz anderen Zweck dienen sollte, nämlich der Beseitigung eventueller Missgeschicke in fester Form.

Irgendwo da draußen im Niemandsland sollte er sein, der Platz, an dem die Welpenschule stattfand, und zwar immer dienstagabends zwischen 18 und 19 Uhr. Also dann, Hund ins Auto gepackt, losgefahren, und nach einer Viertelstunde Autofahrt standen wir dann da, wir drei, meine Frau, der kleine Hund und ich. Etwas verdutzt schauten wir drein, außer einer eingezäunten Wiese mit einigen Gerätschaften darauf war hier rein gar nichts los. Äußerst merkwürdig, das Ganze.

„Na so was, was ist denn hier los?", fragte ich mich sichtlich erstaunt, „das kann doch nicht sein, heute ist doch Dienstagabend!"

„Hast du denn nicht vorher angerufen, ob es heute auch stattfindet?", fragte meine Frau leicht verärgert.

„Nee, habe ich nicht!", erwiderte ich trotzig, wohl wissend, dass mal wieder mir die ganze Schuld an diesem Malheur zugeschoben wurde.

So eine Pleite! Als ich zu der Eingangstüre ging, entdeckte ich einen handgeschriebenen Zettel, der das

Rätsel sehr schnell auflöste: „Heute keine Welpenschule!" stand da in großen Lettern geschrieben.

„Na klasse, das fängt ja schon mal richtig gut an", dachte ich mir. „Aber gut, machen wir das Beste aus dieser Situation und lassen den kleinen Kerl auf der angrenzenden Wiese etwas hin und her rennen, damit der Weg hierher nicht ganz umsonst war", lautete mein Vorschlag, der auf allgemeine Zustimmung traf.

Nun gut, neuer Versuch, neues Glück am darauf folgenden Dienstag. Schon bei der Einfahrt in den Weg, der zum Gelände der Welpenschule führte, wurde uns klar, dass wir heute richtig lagen. Von der Ferne vernahmen wir bereits mehrstimmiges Hundegebell.

„Hier und heute sind wir richtig!", stellte ich zufrieden fest.

Die kleine Sandy hatte das Bellkonzert natürlich auch schon bemerkt und drückte ihre feuchte Nase aufgeregt an der rückwärtigen Fensterscheibe platt. Voller Vorfreude stimmte sie in ein leises Wimmern und Wuffern ein.

„Ja, ja, es ist ja gleich soweit, gleich sind wir da!", versuchte ich sie zu beruhigen, indes half dieses gute Zureden jetzt gar nichts mehr, denn ihre Spannung steigerte sich langsam ins Unermessliche. Vom Parkplatz aus führte uns der Weg direkt am Zaun der Hundewiese entlang zu dessen Eingang, wo wir von einer ganzen Handvoll kläffender Knutschkugeln lautstark begrüßt wurden.

Dort angekommen gab es erstmal eine längere Ansprache der Hundetrainerin Sonja an die Welpenbesitzer. Und oha, das Erste, was ich lernen sollte, war, dass die Welpenschule nicht nur eine Schule für Welpen ist, sondern selbstverständlich auch für den frisch gebackenen Welpenbesitzer! „Aha, das war mir neu", dachte ich mir, „aber klar, macht ja auch in jedem Fall Sinn!"

Nach erfolgter Ansprache ging ich daran, mich auf dem Welpenspielplatz einmal umzusehen. Erstaunlich, welche Rassen hier alles vertreten waren! Da war, unübersehbar, Barny, ein ganz junger und knuddeliger Bernhardiner, aber indes, was für ein dicker Brummer! Dann Hugo (sprich „'ügo"), der ständig sabbernde, aber äußerst liebenswerte französische Mops, dann der immer freche Westie Curtis, die neugierige Golden Retriever-Hündin Flocke, ein Boxer namens Max, ein Pointer mit dem ehrwürdigen Namen Ulysses, dann noch ein Mischling, an dessen Namen ich mich leider nicht mehr erinnern kann, und zuguterletzt ein etwas behäbiger Beagle, der irgendwie an seinen berühmten Zeichentrick-Kollegen Snoopy erinnerte. Alles nette Doggies, jedoch war Sandys Top-Favorit unter all den Spielkameraden eindeutig die Border-Collie-Hündin Jenny, die unsere kleine Prinzessin auch sofort zu ihrer besten Freundin auserkoren hatte. Das war auch nicht besonders verwunderlich, war man sich doch als Hütehund anglikanischer Abstammung absolut art- und seelenverwandt.

Was für ein Anblick, diesen zehn Wollknäueln zuzuschauen, wie sie sich gegenseitig jagten, wild umher tobten und hintereinander her rannten, um dann in einem kurzen, aber immer spielerischen Scharmützel eine wilde Rauferei zu beginnen. Und natürlich unsere kleine Sandy mittendrin im wildesten Gefecht, das war ja klar!

Aber lassen wir dazu die kleine Sandy einmal selbst zu Wort kommen: „Mann, das Herumtollen mit all den neuen Spielkameraden macht einen Riesenspaß! War echt eine Superidee von meinem Chef, hierher zu kommen! Und ich habe auch gleich eine neue Freundin gefunden, die Jenny. Die ist richtig in Ordnung. Die anderen Racker sind auch O.K., aber manchmal machen die schon ein bisschen Stress, da knurre ich kurz mal und verdrücke mich dann doch lieber. Besonders der freche Curtis will es andauernd wissen, dem muss ich wohl irgendwann mal eine ordentliche Lektion erteilen, dem Knaben! Und wahnsinnig viel tolle Spielsachen haben wir hier, eine richtig gute Kletterburg und Bälle zum Spielen ohne Ende. Ist das denn das Paradies? Vielleicht … Aber am spannendsten finde ich die alte Hütte im Eck mit lauter interessanten Sachen drin, wo wir ja eigentlich gar nicht rein dürfen. Da ruft immer gleich das Herrchen sein blödes ‚Nein, Sandy!' rüber, wenn wir in die Nähe kommen. So was Dummes aber auch! Aber verdammt noch mal, da drin ist es wahnsinnig spannend und aufregend dazu, Abenteuer pur! Komm, Jenny, die schauen jetzt gerade nicht her, lass es uns noch mal versuchen!"

Indes hatte ich dieses Vorhaben natürlich sofort bemerkt und ließ das Übliche „Nein!" in Kombination mit ihrem Namen über die Wiese erschallen.

So eine tolle Kletterburg macht richtig Spaß!

Was gibt's Neues, Ulysses?

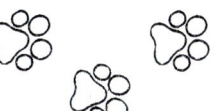  

Hey, Jungs, seid friedlich, sonst gibt's Ärger!

Wo hast du denn dein Fassl gelassen, Barny?

Doch nicht nur Spielen ist in einer Welpenstunde angesagt, eine gute Portion Training gehört zwangsläufig auch immer mit dazu. Man will ja auch etwas lernen. Heute stand die Einübung des grundlegenden Kommandos „Komm!" auf der Tagesordnung, das wohl erste und wichtigste von allen Kommandos im Umgang mit Hunden, stellt es doch die Basis für eine feste Bindung zu seinem Herrn dar. Indes fühlte ich mich bei dieser Übung deutlich im Vorteil, da wir „Komm" bereits vorher schon ausgiebig geübt hatten, und so konnten wir beide, Sandy und ich, nicht ohne etwas Stolz zu empfinden, die ganze Sache demonstrativ vorführen.

„Klasse gemacht, Sandy!", lobte ich sie nach dieser erfolgreichen Übung und gab ihr ein zusätzliches Leckerli als Belohnung für ihre hervorragende Leistung. Das hatte sie wirklich gut gemacht und bekam dafür auch gleich von der Hundetrainerin Sonja ein dickes Lob verpasst.

Und ich konnte eine versteckte Schadenfreude nicht unterdrücken, als die anderen Frauchen und Herrchen bei dieser Übung ihren kleinen Rackern verzweifelt hinterher brüllten, ohne dass dies in irgendeiner Form Wirkung zeigte.

„Sind wir nicht gut?", sagte ich schmunzelnd zu meiner kleinen Sandy, und die wusste nur zu genau, dass wir vor allen anderen gerade geglänzt hatten.

Damit das beim nächsten Mal besser klappen würde, gab Sonja den verzweifelten Welpenbesitzern ein paar nützliche Tipps. „Ihr müsst euch bücken, damit ihr auf

Augenhöhe mit eurem Hund seid und dann richtig laut, und vor allem mit eindringlich hoher Stimme, rufen." Mit hoher Stimme deshalb, weil das für den Hund etwas Besonderes darstellt gegenüber dem üblichen Alltagstonfall, den wir Menschen gewöhnlich so drauf haben.

Ich probierte das spaßeshalber einmal aus, mit fatalen Folgen, wie sich alsbald herausstellen sollte. Die konkrete Übung hieß dabei, sich an das andere Ende der Übungswiese zu begeben und von dort aus den Hund abzurufen. Ich tat das wohl so überzeugend, dass *alle zehn* Welpen gleichzeitig auf mich zugerannt kamen und mich unweigerlich umwarfen – was bei einen gestandenen 100-Kilogramm-Mannsbild, wie ich eines bin, gar nicht so einfach ist! Als ob des Leides nicht genug, wurde ich im Liegen von dem ach so noblen Mops Hugo mit seinem sabbernden Waschlappen über das gesamte Gesicht abgeleckt. Was für eine „leckere" Angelegenheit!

„Bäh, Schluss jetzt!", rief ich sichtlich nach Fassung ringend, damit die Meute, und vor allem Mr. Sabber, endlich von mir ablassen sollten. Und das, wo dieses moppelige Hundsvieh gerade so auf vornehm machte mit seinem purpurfarbenen Stöffchen, das er neckisch um seinen Bauch trug (oder, sagen wir mal so, es war wohl eher sein Herrchen, das einen auf vornehm machte, dem Hund war das vermutlich wurscht). Na schön. Indes, die hatten es mir aber schwer gegeben, die heizten mir ordentlich ein! Das musste ich neidlos zugestehen. Eins zu Null für die kleinen Racker!

Die hatten sich flugs wieder anderen Vergnügungen hingegeben, machte es doch einen Riesenspaß, sich gegenseitig kreuz und quer über die Wiese zu jagen. Untermalt wurde diese wilde Hatz wie immer von einem bedrohlich wirkendem Knurren aus verschiedenen Hundekehlen, das mitunter auch in eine kleine Rauferei übergehen konnte, je mehr sich die ungestümen Hunde-Kids in ihr wildes Treiben hineinsteigerten. Um einer möglichen Mobbing-Situation vorzubeugen, war in solchen Situationen ein beherztes und strenges Wort angesagt.

„Hey, Jungs, macht bloß keinen Stress hier!", redete ich deshalb mit lauter und nachdrücklicher Stimme auf die Streithähne ein. Das wirkte auch sofort, und was folgte, war ein Spielchen, das man auch bei kleinen Kindern oftmals beobachten kann.

„Ich bin unschuldig, die doofe Flocke hat angefangen!", versuchte mir ein arglos dreinblickender Bernhardiner klarzumachen.

„Stimmt gar nicht, der Max war's!", entgegnete der Golden Retriever zu seiner Verteidigung.

„Alte Petze", dachte sich Boxer Max und machte sich beleidigt vom Acker, „ihr könnt mich mal alle gern haben, ich spiel' jetzt nicht mehr mit!"

„Spielverderber, dann hau halt ab, du blöde Töle!", warf ihm Jenny nach.

„Schluss jetzt, ihr vertragt euch jetzt gefälligst alle wieder!", forderte ich alle beteiligten Vierbeiner auf. Die reagierten, wie es unter unbekümmerten Welpen eben so ist: Einmal kräftig schütteln, schon war alles vergessen und weiter ging es im bunten Treiben.

So verging die erste Welpenstunde wie im Flug. Zum Abschluss veranstaltete Sonja noch eine kleine, aber höchst interessante Übung. Ich würde sie ganz treffend als das „Wettfressen zehn vierbeiniger Gierschlunde" bezeichnen.

Und das spielte sich so ab: Sonja holte alle Welpen und ihre Herrchen auf die große Plane und wartete, bis alle Racker einigermaßen zur Ruhe gekommen waren. Und dann, urplötzlich und ohne Vorwarnung warf sie eine Menge Leckerlis auf der Plane aus. Da war auf einmal die Hölle los, aber hallo! Zehn wie von der Tarantel gestochene Fellknäuel stürzten sich ohne Vorwarnung auf das geliebte Fressen vor ihnen und grasten die Plane ab, als ob es ihre letzte Mahlzeit wäre. Wahnsinn! So etwas von blanker Gier hatte ich bis dato noch nie erlebt!

Der Sinn dieser Übung liegt offenbar darin, dass der Welpe lernt, sich ohne Rauferei mit anderen Artgenossen zu arrangieren, wenn es um das Begehrteste auf dieser Welt, das Fressen, geht. Während der ganzen Zeit hatte Sonja ein äußerst wachsames Auge auf dieses Schauspiel und griff sofort mit einem beherztem Nackengriff ein, wenn sich Aggressionen aufgrund von Futterneid bei einem Welpen andeuteten, um diese sogleich im Ansatz zu ersticken. Eine wirklich gute und sinnvolle Übung! Indes wurde unsere kleine Sandy von der ganzen Aktion und der Hektik, die von ihr ausging, wahrscheinlich etwas überrascht.

„Was soll das?", dachte sie sich, und machte sich entgegen ihrer sonstigen Natur nur zögerlich an das Aufsammeln der geliebten Leckerlis. Na, kam da am Ende einen Moment lang vielleicht doch ihre edle, britische Abstammung durch? Wer weiß, allerdings schrieb ich ihr ungewöhnliches Verhalten eher dem Überraschungseffekt zu. Aber gut. Es mögen wohl kaum zwanzig Sekunden vergangen sein, da war die Plane auch schon ratzfatz leer geputzt! Das war mit Sicherheit neuer Weltrekord!

Dann wurden auch schon alle Welpen eingesammelt und angeleint, und durch die entstehende Aufbruchstimmung wurde allen klar, dass die heutige Welpenstunde nun vorüber war.

„Alles hat mal ein Ende", machte ich der enttäuscht dreinblickenden Sandy klar, die nur allzu gerne mit den anderen Rackern noch etwas herumgetobt hätte. „Doch wir kommen wieder, nächste Woche, ganz bestimmt!", versprach ich ihr.

„Super, da freue ich mich jetzt schon wahnsinnig drauf!", konnte ich ihrem äußerst zufriedenen Hundeblick entnehmen.

Damit war die erste Welpenstunde geschafft und ein voller Erfolg! Unzählige weitere sollten folgen, in denen die kleinen Welpen und ihre Besitzer alle jene notwendigen Kommandos erlernten, die im Alltagsleben mit einem Hund so unerlässlich sind.

An dieser Stelle nochmals vielen Dank an Sonja, unsere Hundetrainerin. Sie hat einen verdammt guten Job gemacht!

ZEHN

Milchzahn-Power und
scharfe Knabbereien

Eine altbekannte Unsitte bei kleinen Welpen während der Zahnzeit ist, dass sie an allem herumnagen, was in ihrer Reichweite ist. Da sind die Füße des über alles geliebten Klaviers genauso gefährdet wie die heimischen Möbel, Stühle, Tischbeine, na eben alles, was ihren scharfen Zähnchen ordentlich Widerstand leistet.

Na warte, blöder Besen, dich kriege ich auch noch klein!

Absolute Vorsicht ist hier geboten bei Kabeln aller Art, dies könnte unangenehm enden – deshalb mein

Rat: Unbedingt alle Kabel für Welpen unerreichbar machen!

Natürlich machte auch meine kleine Sandy hier keine Ausnahme. Und ganz besonders hatte es ihr der geflochtene Korb angetan, den ich als Transportmittel für den kleinen Welpen in Bus und U-Bahn benutzte. Das war fürwahr ihr Nageobjekt Nummer Eins! Den begann sie, mit Herzenslust nach und nach in seine Einzelteile zu zerlegen, wobei die Griffe ihr bevorzugtes Angriffsziel waren.

„Na gut", dachte ich bei mir, „der Korb wird's schon aushalten."

So ließ ich Sandy die ersten Tage gewähren. Doch schon bald musste ich feststellen, dass dem nicht so war, denn die scharfen Milchzähnchen des kleinen Rackers leisteten ganze Arbeit. Ohne gezielte Gegenmaßnahmen würde die Haltbarkeit des Korbes wohl kaum länger als eine Woche betragen, deshalb galt es, möglichst schnell geeignete Mittel zu ergreifen.

Die Kommandos „Aus!" und „Nein!" waren immer nur von kurzem Erfolg gekrönt. Das brachte außer Dauerstress rein gar nichts. Was nun? Da kam mir ein Tipp von unserer Hundetrainerin Sonja gerade recht: Rote Pfeffersauce, das edle, aber dafür umso schärfere Gewürz aus Mexiko! Gesagt, getan, vor der nächsten Fahrt rieb ich also die gefährdeten Teile des Korbes schön dick mit roter Pfeffersauce ein und hatte damit auch prompt vollen Erfolg.

„Bäh, scharf, das mag ich überhaupt nicht!", musste Klein-Sandy verdutzt feststellen, verzog ihr spitzbübisches Hundegesicht und verkroch sich schmollend in das Innere des Korbes zurück, um bald danach in einen seligen Schlaf zu sinken.

„Klasse, das hat gewirkt!", dachte ich mir mit einem Gefühl der inneren Befriedigung.

Indes hatte ich wohl etwas zuviel des Guten gewollt, denn die abstoßend scharfe Wirkung setzte nicht nur bei dem kleinen Hund ein, sondern wirkte sich auch nachhaltig auf meine Sitznachbarn in der U-Bahn aus. Ich wunderte mich am Anfang noch, warum plötzlich die Sitzplätze um mich herum meistens leer blieben, doch schon bald fand ich den Grund dafür heraus. Der Korb stank und dampfte so penetrant nach der roten Pfeffersauce, dass sich meine Sitznachbarn entweder kräftig die Augen rieben, oder konsequenterweise gleich die Flucht ergriffen.

Ich selbst merkte jedoch herzlich wenig davon, da ich eine diesbezügliche Abhärtung während eines längeren Aufenthalts in Mexiko erfahren hatte, und all das, was für den Durchschnitts-Europäer in den Bereich „superscharf bis richtig feurig" fällt, für mich eben gerade mal gut gewürzt ist.

Selbstverständlich machte ich mich sofort daran, den Korb wieder gründlich abzuwaschen, indes hat rote Pfeffersauce zu Recht die ihr zugesprochene Eigenschaft, äußerst hartnäckig im Geschmack zu sein. Über eine Woche dauerte es schließlich, bis die Sache wieder einigermaßen erträglich war. Doch einen Vorteil hatte das Ganze gehabt: In dieser Woche hatte ich nie Platzprobleme in der U-Bahn.

ELF

Latro, ergo sum —
Bellen ist Leidenschaft!

Bellen, Lautgeben, Kläffen, Bläffen, Belfern — wie immer man die lautstarke Artikulation eines Vierbeiners bezeichnen möchte: Sie teilt die Menschheit wohl endgültig in zwei Kategorien, in die der Hundefreunde und in diejenigen, die mit den lärmenden Zeitgenossen so rein gar nichts am Hut haben.

Gerade bei der Rasse der Shelties ist der Drang nach Lautgeben besonders stark ausgeprägt, ist man doch per se ein Hütehund und trägt das berüchtigte „Bell-Gen" bereits seit der Geburt in sich. Deshalb ist das Bellen natürlich auch ein riesengroßes Thema für unsere kleine Sandy, wen wundert's.

Angelehnt an die Philosophie des großen Descartes „Cogito, ergo sum" (ich denke, also bin ich) ist ihr leicht abgewandelter Wahlspruch: „Latro, ergo sum" — Ich belle, also bin ich! Und diesen Wahlspruch lebt sie ausgiebig, und das fürwahr tagtäglich! Bellen wird von ihr zur leidenschaftlichen Passion erhoben.

Ich habe mir einmal die Mühe gemacht und es spaßeshalber ausgerechnet: Die stolze Zahl von über einer Viertelmillion Beller entweichen ihrem kleinen Kehlkopf während ihres aufregenden Hundelebens. Die Rechnung ist denkbar einfach: ca. 50 Beller am

Tag, mal genommen mit 365 Tagen und geschätzten 15 Lebensjahren, ergibt das eine Anzahl von 273.750 Beller, die Sandys Lebensweg pflastern. „Wow!" (oder sollte ich passender weise sagen „Wau!"), was für eine Leistung! Aber andererseits – wenn man bedenkt, wie viele Worte des Unsinns die Menschen während ihres langen Daseins vom Stapel lassen, relativiert sich dies wiederum zweifelsfrei.

Dem Wortursprung nach hat das Bellen einen laut-nachahmenden Ursprung. Für mich klingt Sandys Bellen am ehesten wie das aus dem Englischen stammende Wort „woof-woof" (übersetzt: „Wau-Wau"), weshalb ich hier und in den anderen Kapiteln dieses Buches oftmals von „Wuffern" reden werde, wenn es um das Lautgeben der kleinen Sandy geht. Das beschreibt es meiner Ansicht nach am besten. Indes hat die kleine Sandy ihr Bellverhalten inzwischen verfeinert und der jeweiligen Gegebenheit angepasst. Im Folgenden ein paar typische Situationen, in denen sie mit ihrem Wuffern zu voller Form aufläuft.

Das prophylaktische Bellen

Dieses Ritual spielt sich jeden Morgen auf die gleiche Art und Weise ab und hat ihren Ursprung vermutlich in der Sicherung von Territorialansprüchen.

Kaum, dass sie zur Terrassentüre hinaus gelassen wird, biegt sie zielbewusst nach links ab und stürmt schnellen Schrittes in ihr beliebtes „Wuffer-Eck", dorthin, wo ihr an einer nicht bepflanzten Stelle am Gartenzaun ein optimaler Blick nach draußen auf die

Straße gewährt wird. Und wo sie jedem, der vorbei kommt, eindringlich klar macht, dass *sie* hier der Chef ist und niemand anders.

Allerdings verhält es sich so, dass zu dieser frühen Stunde meistens niemand draußen vorbeiläuft, indes *könnte* es natürlich sein und so wuffert sie eben auf gut Glück einfach mal darauf los. Ganz nach der Devise: erst mal prophylaktisch bellen und dann weitersehen. Indes ist es ihr fürchterlich peinlich, wenn sie merkt, dass sie wieder einmal einen Blindgänger gesetzt hat und ihr Bellen ins Leere ging, weil sie dann von mir mit einem deutlichen Augenzwinkern belächelt wird.

Sandy und ihr geliebtes „Wuffer-Eck"

Tauchen in seltenen Fällen dann doch einmal Leute oder gar andere Hunde auf dem Gehsteig auf, dann steigert sich ihr Bellen in eine wütende und rotzfreche Kläff-Arie.

„Du wagst es, vor *meinem* Reich vorbeizulaufen und auch noch frech herumzubellen – na, dir zeig ich's aber jetzt!", gibt sie dem Kerl auf der anderen Seite des Zauns deutlich zu verstehen. „Wuff, wuff, wuff!"

Überflüssig zu erwähnen, dass durch dieses Startsignal die Hunde in den angrenzenden Häusern sofort auf den Plan gerufen werden und eine allmorgendliche „Diskussion" in verschiedenen Tonlagen beginnt. Na klar, jeder will natürlich seinen Senf dazugeben und dem in nichts nachstehen, man ist ja schließlich auch wer! So kläfft denn das „Trio Infernale", bestehend aus dem Golden Retriever von gegenüber, dem Schäferhund-Mischling von nebenan und meiner kleinen Sandy, am helllichten Morgen munter und lautstark drauf los.

„Jetzt reicht es aber, Ruhe!", fordere ich meine kleine Krakeelerin auf, um dem Konzert ein sofortiges Ende zu bereiten. Indes steckt sie diese Maßregelung in ihrer typischen Art ganz schnell wieder weg, es folgt ein mehrfaches, gleichsam befreiendes Schütteln und die Sache ist für sie damit abgehakt. „Auf zu neuen Taten!" heißt sodann ihre Devise.

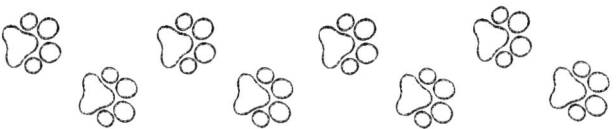

Das Beschwerde-Bellen

Dieses, in seiner Art urtypische Bellen, lässt unsere kleine Prinzessin dann vom Stapel, wenn ihr etwas so ganz und gar nicht passt. Schönes Beispiel: Wenn wir uns erlauben, das Haus zu verlassen, ohne sie mitzunehmen. Das geht natürlich gar nicht und muss lautstark angemeckert werden!

So geschehen auch heute wieder, am heiligsten aller Tage, dem Sonntag. Und wie immer sonntags führte uns der Weg früh morgens zum Bäcker nebenan, um frische Semmeln und Brezeln zu holen. Man ist ja anspruchsvoll, die altbackenen Dinger vom Vortag tun es ja nicht mehr, aber das nur nebenbei.

„Für diesen kurzen Weg macht es keinen Sinn, die kleine Sandy mitzunehmen", so waren wir uns einig in der Sache. Trotzdem würde sie natürlich nur allzu gerne mitgehen, da sie in der Vergangenheit von der Bäckersfrau hie und da schon einmal etwas Gutes zugesteckt bekommen hatte.

Die Reaktion folgte postwendend auf dem Fuße: Lautstarkes Bellen, Marke „Beschwerde" drang nach draußen, als wir an unserem Erker vorbeiliefen, jenem Platz, den sie wegen der hervorragenden Sicht auf die Straße zu ihrer Aussichtsplattform erkoren hatte.

„Das ist echt fies!", gab sie uns zu verstehen, und man merkte ihr ihre Empörung sichtlich an. „Ihr wisst doch ganz genau, wie gerne mich die Bäckersfrau hat und dass ich bei ihr immer so gute Sachen bekomme!" Aber alles Beschweren half ihr leider nicht, unser Entschluss stand fest, wir waren ja schließlich hier die Chefs und sie nur der Hund.

Zurückgekommen von unserer Semmelhol-Tour setzte es dann auch ein kurze Ansprache, bei der ich der kleinen Sandy klar machte, dass es so natürlich nicht ginge. „Beschwerden sind vorab schriftlich und in dreifacher Ausfertigung einzureichen!", gab ich ihr unmissverständlich zu verstehen.

Als Antwort bekam ich nur ein ungläubiges Maunzen zu hören, so ganz nach dem Motto „Steig mir doch in die Tasche mit dem ganzen Schriftkram, ich belle, wann es mir passt! Basta!"

Alarmsystem Sandy

Ich denke, jeder von uns hat das schon ein mal erlebt: Man klingelt nichtsahnend an einer Haustüre und unversehens schallt einem ein lautes Gekläff entgegen. Eben jenes Szenario ist wohl der Albtraum aller Briefträger und Pizzaboten, können sie doch nicht vorhersehen, ob nach Öffnen der Türe die Hose noch in einem Stück verbleibt.

Als derjenige, der sich auf der inneren Seite der Türe befindet, sehe ich das natürlich aus einem völlig anderen Blickwinkel. Mir ist es zunächst einmal gar nicht so unrecht, dass die Person da draußen weiß, dass hier ein Hund über dieses Haus wacht und somit erstmal Vorsicht angesagt ist. Und dass hier eine klassische Alarmanlage auf vier Pfoten rund um die Uhr ihren Dienst tut. Das Klingeln an der Haustüre ist wohl *der* Schlüsselreiz zum Bellen für einen Hund schlechthin, und ich kenne kaum einen Hund, der das nicht aus voller Überzeugung täte, um sein Heim vor ungeliebten Eindringlingen zu schützen.

„Was will der Typ da draußen?", ist dem lautstarken Bellen von Sandy zu entnehmen, das entgegen ihrem sonstigen Gebell einen deutlich bedrohlicheren Charakter besitzt und mit einem zähnefletschenden Knurren untermischt wird. Dieses Abwehr- oder Verteidigungsbellen geht allerdings rasch in ein freudiges Bellen über, wenn nach dem Öffnen der Türe der Fremdling da draußen als „freundlich" oder am Ende gar als „bekannt" eingestuft wird.

Das „TV-Bellen"

Man sollte eigentlich meinen, dass das, was sich da in der Flimmerkiste so alles abspielt, einem Hund vollkommen piepegal ist. Bei all meinen vorherigen Hunden war das auch so. Da konnte noch so viel Viehzeug auf der Glotze herumrennen, meinem Bobby und meine Susi berührte das herzlich wenig. Ein gelangweiltes Gähnen war alles, was man an Gemütsregung von ihnen erwarten durfte.

Ganz anders Sandy. In der Tat bellt sie unseren Fernseher sofort und mit Vehemenz an, wenn dort Hunde, Katzen, Pferde oder sonstige, sich bewegende dunkle Objekte erscheinen! Ich bewundere hierbei ihre scharfen Augen, mit denen sie diese Details zu erkennen vermag, heißt es doch immer, dass Hunde wesentlich besser riechen als sehen können. Aber unsere Sandy hat ein wahres Adlerauge, fürwahr!

Von daher ist das Anschauen von Tierfilmen aller Art immer zwangsläufig mit einem lärmenden Hauskonzert verbunden. Manchmal ist es mir wahrlich ein Rätsel, was in ihrem kleinen Hundehirn so vorgeht. Sie will einfach nicht checken, dass das da in dem viereckigen Kasten nur Kintopp ist. Aber als Hund mit englischer bzw. schottischer Abstammung wird sie es wohl gelassen sehen, ganz nach dem typisch britischem Motto: „Nobody's perfect!"

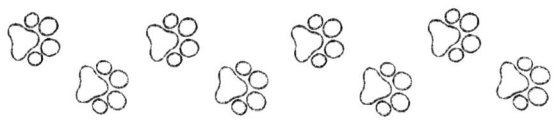

Ein versöhnliches Wort zum Schluss: Es ist nun einmal so, dass man als Besitzer eines Shelties ein Stück weit mit dem Bellen seines kleinen Lieblings leben muss. Das liegt bei dieser Rasse einfach in der Natur der Sache. Damit muss man sich abfinden und kann dies sicherlich durch Erziehungsmaßnahmen abmildern, wohl aber nie ganz ausmerzen. Man lernt mit der Zeit, richtig damit umzugehen. Dazu gehört sicherlich eine gewisse Gelassenheit, die man diesem Phänomen gegenüber entwickeln muss. Bedenkt man jedoch, mit wieviel sinnlosem und dummen Geschwätz manch zweibeiniger Zeitgenossen wir tagtäglich leben müssen, dann relativiert sich dies indes sehr schnell.

Und, wie ein altes Sprichwort es so treffend beschreibt: „Hunde, die bellen, beißen nicht", so verhält es sich auch bei unserer kleinen Sandy.

ZWÖLF

Sandy – wie immer im Mittelpunkt!

Ein kleiner Welpe mit seiner tapsigen und unbeholfenen Art und seinem bezaubernden Äußeren wirkt wie ein Magnet auf alle Menschen, denen man im Alltag begegnet. Das hilflos wirkende Wollknäuel vermag bei jedem Tierfreund automatisch den Beschützerinstinkt auszulösen, und er möchte das kleine Kerlchen am liebsten knuddeln und nach Herzenslust streicheln.

So verwundert es nicht, dass man überall dort, wo man mit einem Welpen hinkommt, automatisch im Mittelpunkt steht und alle Augen auf den kleinen Hund gerichtet sind. Wohlgemerkt, auf den Hund, und nicht auf den Halter! Dessen muss man sich bewusst sein und auch damit klarkommen, dass man unvermittelt von wildfremden Leuten angesprochen wird und wildfremde Hände aus heiterem Himmel nach dem kleinen Kerl greifen.

So manches Mal habe ich, zum Missfallen meiner Mitmenschen, diesem Treiben entschlossen Einhalt geboten, wenn die Sache überhand nahm und anfing, zu nerven. Das passte den Leuten dann meist überhaupt nicht, indes war mir deren persönliches Befinden in diesem Augenblick vollkommen egal.

Sandy als Kontaktvermittler

Dass man diese magische Anziehungskraft, die von einem kleinen Welpen ausgeht, auch durchaus zu seinem Vorteil nutzen könnte, erzählt die folgende Geschichte.

Die Anschaffung eines Hundes war für mich ein willkommener Anlass, mir einen digitalen Fotoapparat zuzulegen, um seine Entwicklung über die Jahre hinweg in Bildern zu dokumentieren. Zu diesem Zeitpunkt war mein Freund Rainer aus Köln gerade zu Besuch, und so machten wir uns gemeinsam auf den Weg zum nächsten Elektrogroßmarkt, um dort eine Digitalkamera zu erwerben. Und natürlich durfte Klein-Sandy mit, inzwischen war sie stubenrein und konnte somit problemlos auch in fremde Gefilde mitgenommen werden.

„Also los, checken wir mal, was es da für Digicams gibt!", sagte ich zu den beiden, als wir den Elektrogroßmarkt betraten.

Doch aus dem Plan, in aller Ruhe das vorhandene Angebot an Kameras durchzugehen, wurde nichts. Wie zu erwarten, erregte das kleine Wollknäuel sofort ein totales Aufsehen, und das speziell bei den jungen Damen! Es dauerte keine fünf Minuten, da scharten sich alsbald sechs junge Frauen um uns drei herum. Eine hübscher als die andere, ich kann's euch sagen!

„Ooch, ist der aber süüüüüß!", kreischte es gleichzeitig aus verschiedenen Richtungen.

„Meinen die jetzt mich oder den Hund?", begann ich mich zu fragen, ging aber doch stark davon aus, dass diese Begeisterung wohl dem kleinen Welpen galt. Oder etwa doch mir? Nein, definitiv nicht, da brauchte ich mir nichts einzubilden. Zumal diese weiblichen Schönheiten sowieso kein Thema für mich darstellten, da ich bereits glücklich verheiratet war. Indes waren sie aber hoch interessant für meinen Freund Rainer, der damals noch Single und immer auf der Suche nach weiblichen Bekanntschaften war.

„Nimm du mal die kleine Sandy und gib dich mit den jungen Gänsen ab", sagte ich ihm etwas angenervt, „dann kann ich mich in aller Ruhe nach meiner Digicam umsehen!"

Gesagt, getan, so wurde also Rainer für eine halbe Stunde zum Ersatzpapa für die kleine Sandy und machte mit Hilfe des kleinen Welpen alsbald die Bekanntschaft vieler netter, junger Damen. Was für ein Phänomen! Am Ende hatte ich sogar die Idee, daraus  noch ein lohnendes Geschäft zu machen, freilich nur im Scherz: „Kontaktvermittlung Sandy". Es ist einfach Tatsache, dass man mit einem knuddeligen Welpen immer und überall im Mittelpunkt steht und dabei bevorzugt von jungen Frauen angesprochen wird. Ein Geheimtipp für Kontakt suchende Single-Männer!

Sandy als bekennender Jazz-Fan

Genauso gerne wie Rainer uns in München besuchte, waren auch wir bei ihm in Köln zu Gast. Zumal ich Köln und seine Landsleute wirklich ganz klasse finde. Eine schöne Stadt mit unheimlich viel Flair und jeder Menge bezaubernder Lokale und Kneipen in der Altstadt.

Und wie jedes Mal führte uns der Weg in jenen alten Musiktempel, der wohl *die* angesagte Kneipe mit Live-Jazzmusik in Köln ist. Schon so manchem Hochwasser hatte sie erfolgreich getrotzt und hatte inzwischen die stolze Anzahl von über 14.000 Live-Konzerten auf dem Buckel. Natürlich gingen wir dort in Begleitung unserer kleinen Sandy hin, sie will ja immer und überall dabei sein will, warum auch nicht.

Schon als wir zur Türe hereinkamen, spürte ich jene magische Atmosphäre, die in der Luft liegt, wenn verdammt gute Live-Musik geboten wird. Da ich selbst Musiker bin, habe ich wohl inzwischen feine Antennen für so etwas entwickelt.

„Echt coole Mucke!", sagte ich und wir suchten uns einen Platz möglichst nah an der Bühne.

„Gleich mal drei Kölsch bitte!", wies ich den Barmann an, und wir genossen den Sound der Jungs, die da auf der kleinen Bühne ordentlich drauf los jazzten. Und als die Boys dann auch noch mein Lieblingsstück „Sheik of Araby" spielten, gingen die Emotionen mit mir vollends durch.

Diese Begeisterung schwappte prompt auf unsere kleine Sandy über, und so begann sie, während der

Kontrabass ein langes Solo aufs Parkett legte, lautstark und durchdringend zu wuffern, so laut, dass sie locker das musizierende Quartett übertönte. Peinlich aber auch! Natürlich schaute nun der ganze Club auf den kleinen Hund, der es wieder einmal sauber geschafft hatte, sich in den Mittelpunkt zu rücken.

„Ja, so viel Bewunderung tut richtig gut!", dachte sich Sandy und fuhr munter mit ihrem Gebell fort, so sehr ich auch versuchte, ihr klar zu machen, dass ihr stimmlicher Beitrag im Augenblick so ganz und gar nicht gefragt war.

Indes, die Musiker und auch die Zuhörer nahmen es mit viel Humor, na klar, wir sind hier ja auch im Rheinland, da sieht man das alles wesentlich lockerer. Und außerdem waren dies ja ein Jazzkonzert und nicht Wagners Festspiele in Bayreuth.

Passende Kommentare folgten prompt auf dem Fuß: „Hey, supercool, der Hund bellt ja in F-Dur!", hallte es aus dem Zuschauerraum, und der Schlagzeuger nutzte die Gelegenheit, um seinen Mitspieler etwas zu frotzeln: „Hey Hans, der Hund hat einen falschen Ton in deinem Solo entdeckt!"

Eine wirkliche urkomische Szene, das Ganze! Und nochmals mein Respekt an den rheinischen Humor und die damit verbundene Gelassenheit!

Ja, Sandy steht wahrhaftig im Mittelpunkt! Sie tut dies Stunde für Stunde, Tag für Tag in unserem Leben und bereichert unseren Alltag mit ihrer unbeschwerten und fröhlichen Art jeden Tag aufs Neue. Vielen Dank dafür, geliebter kleiner Hund!

DREIZEHN

Die Taufe

Starke Nerven sind wahrlich gefragt, wenn man mit einem jungen Welpen unterwegs ist, denn man kann sich nie sicher sein, was der kleine Schlingel als Nächstes anstellen wird. In diesem Zusammenhang will ich noch von einem Erlebnis erzählen, das ich im Nachhinein gerne als „Die Taufe" bezeichne. Mit dem notwendigen Abstand betrachtet hatte diese Szene schon etwas Urkomisches, aber damals, als es passierte, konnten wir so rein gar nicht darüber lachen. Wobei es nicht Sandy war, die getauft wurde, nein, fürwahr nicht ...

Ich weiß bis heute noch nicht, ob es eine gute Idee war, mit einem zwölf Wochen alten Welpen zu unserm Lieblings-Griechen zu gehen, aber wir wollten eben wieder einmal das gute griechische Essen genießen. Natürlich konnten wir Klein-Sandy in diesem Alter noch nicht für zwei Stunden alleine zu Hause lassen, also nahmen wir sie einfach mit. Durch ausgiebiges Gassi-Gehen im Vorfeld, bei dem Sandy sich brav gelöst hatte, waren wir uns eigentlich sicher, dass in dieser Hinsicht nichts passieren könnte. So dachten wir. Doch es sollte, wie so oft im Leben, wieder einmal ganz anders kommen!

Die Landesfarbe der Griechen ist bekanntermaßen Blau, und so durchzog direkt nach dem Eingang ein schöner, blauer Läufer das ganze Lokal. Wie immer wurden wir nach dem Betreten des Restaurants von dem freundlichen Wirt persönlich begrüßt, na klar, er kannte uns und wusste, dass wir seine gute Küche wirklich sehr schätzten.

„Ah, Familie Schmidt, wie geht es Ihnen?", tönte er mit sonorer Stimme, die eben jenen typisch griechischen Akzent hatte. „Und heute mit Hund?", fuhr er sogleich in seiner Begrüßungsrede fort.

Doch bevor ich antworten konnte, passierte es! Ich sah es kommen, war aber wie gelähmt, und so nahm das Unglück seinen Lauf. Die Beine von Klein-Sandy wurden breiter und breiter und es folgte das, was wohl der Albtraum aller Hundebesitzer ist. Mit einer Seelenruhe pieselte unsere kleine Sandy schnurstracks auf den hübschen, blauen Läufer!

„Ach, du Sch…!", dachte ich mir, während mein Gesicht vor lauter Schamgefühl gleich mehrmals die Farbe wechselte und mir der Schweiß deutlich sichtbar auf der Stirn lag. War das peinlich!

Und dem nicht genug! Durch ihre Art, sich beim Pieseln nach vorwärts zu bewegen, ergab das eine wunderbar sichtbare Spur auf dem edlen, blauen Teppich! Dabei machte sie ein fröhlich-munteres Gesicht und war sich natürlich überhaupt keiner Schuld bewusst, die Kleine!

„So, jetzt geht's mir besser!" Das sah man ihr an, sie schüttelte sich und war bereit zu neuen Taten.

Uns jedoch reichte diese eine Heldentat schon bei Weitem, denn nicht nur der bedauernswerte Wirt war Zeuge dieses äußerst peinlichen Schauspiels, nein, auch all die anderen Gäste, die in dem recht gut besuchten Lokal saßen. Klein-Sandy hatte es wieder einmal geschafft, der Star der Manege zu sein, wenn auch auf äußerst unliebsame Weise. Natürlich konnten sich die meisten der Gäste ein Grinsen nicht verkneifen. Klar, ich würde auch grinsen, wenn ich als Nicht-Betroffener ein solch urkomisches Schauspiel betrachten dürfte.

Der Wirt schien die gute Sandy wohl am liebsten auffressen zu wollen, seinem Gesicht nach zu urteilen, bewahrte jedoch tapfer Haltung. Derweil packte ich verzweifelt meine Tempo-Taschentücher aus, um den Schaden noch in Grenzen zu halten. So kniete ich auf dem Boden und verbrauchte ein Tempo-Taschentuch nach dem anderen, um das Malheur so gut wie möglich zu beseitigen. Und ich schwitzte! Vor Aufregung, vor Wut, vor Angst und vor Scham, wohl ein bisschen von allem.

„Hey, was machst du denn da unten?", schaute mich Sandy verwundert an, „ist das ein neues Spiel?"

Indes blieb ich ihr die Antwort schuldig, denn ich wollte durch einen lautstarken Anpfiff nicht noch mehr Aufsehen erregen, zumal der kleine Hund sowieso nicht begriffen hätte, warum ich sie denn nun maßregeln würde.

Nach dieser peinlichen Aktion wollten wir eigentlich gleich wieder gehen, weil wir dachten, dass es das wohl gewesen wäre in Sachen Gyros, Zaziki & Co. Indes erhellte sich das Gesicht des Griechen wieder, und wir wurden aufgefordert, trotzdem zu bleiben.

„Ist schon in Ordnung", sagte der gute Mann mit seinem deutlich griechischen Akzent, „kann passieren, Hund ist noch klein!" Ich denke mal, er wollte uns als regelmäßige Gäste dann doch nicht verlieren und lenkte deshalb zähneknirschend ein. Also gut, dann wurde es also doch noch etwas mit dem Griechisch-Essen, trotz der Galavorstellung der kleinen Sandy.

„Bringen sie mir erstmal ein großes Bier und einen Ouzo dazu, das brauche ich jetzt dringend!", teilte ich ihm im Stehen noch mit, wohl wissend, dass wir einen bleibenden Eindruck hinterlassen hatten. Sollten wir zukünftig wieder einmal zum Essen hierher kommen, würde es wohl zwangsläufig heißen: „Da kommen sie wieder, die Schmidts mit ihrem kleinen Piesler!"

„Ach, was soll's!", dachte ich, nachdem sich die erste Anspannung bei mir gelegt hatte. „Pfeif drauf!" Solche Vorschußlorbeeren störten mich nicht im Geringsten, da stand ich doch locker drüber, war ich sowieso allenthalben als schrulliger und schräger Vogel bekannt. Der geborene Freak eben, der auch schon mal mit zwei verschieden farbigen Socken daherkommt. Ganz nach dem Motto „Ist der Ruf erst mal ruiniert, lebt sich's völlig ungeniert" kratzte mich so etwas herzlich wenig. Kein Wunder also, dass ich bei meinen Musikerkollegen den überaus treffenden Spitznamen „Mad Sugar" erhalten habe. Doch das nur nebenbei.

Als ich dann die Speisekarte durchlas und all die leckeren griechischen Spezialitäten vor meinem geistigen Auge vorbeiziehen sah, verflog auch alsbald mein ganzer Ärger.

„Hm, zuerst die gute Vorspeisenplatte und danach, ja genau, die leckere Mykonos-Grillplatte …", wählte ich für mich aus und meine Frau versuchte sich derweil an frischem Tintenfisch, der hier – nebenbei erwähnt – wirklich hervorragend schmeckt.

Klein-Sandy hatten wir derweil sicher unter dem Tisch angeleint, so dass normalerweise kein Stress aufkommen konnte. Sollte man eigentlich meinen. Doch wehe, wehe, als das aromatisch dampfende Essen herangetragen wurde. Auf einmal war unter dem Tisch aufgeregte Action angesagt.

„Hey, was habt ihr denn für gutes Fressen da oben, das riecht klasse!", meldete sie sich mit Nachdruck und zog so vehement an der Leine, dass der Tisch, an dessen Bein die Leine festgemacht war, prompt um ein Stück verschoben wurde.

„Ich will auch was abhaben!", war ihrem schelmischen Gesicht deutlich anzusehen, indes musste ich sie leider enttäuschen und freundlich, aber entschieden ein „Nein" entgegen halten.

„Aber klar", dachte ich so bei mir „eigentlich müssen das ja ganz schöne seelische Qualen sein, die der arme Hund angesichts dieses lecker riechenden Essens erleiden muss." Dennoch blieb ich eisern bei meinem „Nein!"

„Da ist es wieder, dieses unangenehme Wort mit vier Buchstaben, das sofort das Ende jedes Vergnügens bedeutet", musste sie ein weiteres Mal enttäuscht feststellen.

Indes, ganz leer ging der kleine Racker natürlich auch diesmal nicht aus, ließ ich doch in meiner typisch ungeschickten Art wieder einmal das ein oder andere Pommes Frites unter den Tisch fallen, ja freilich! Solche unfreiwilligen „Geschenke" waren natürlich ein gefundenes Fressen für die kleine Sandy, und anhand des lauten Knurpselns, das unter dem Tisch hervordrang, wusste ich, dass sie wieder fündig geworden war. „Mahlzeit, kleiner Kerl, lass es dir schmecken!", dachte ich mir.

„Aha, hast du wieder einmal geklöppelt!", bemerkte meine Frau spöttisch, wohl wissend, dass ich in Sachen Tischmanieren noch deutlich Nachholbedarf hatte (und leider immer noch habe).

„Meine Güte, das passiert eben, war keine Absicht", erwiderte ich mit einer Mischung aus „Ist-mir-doch-egal" und ein bisschen gekränkter Eitelkeit.

Dem nicht genug, hatte ich zu allem Überfluss noch etwas von dem guten Zaziki auf meine Jeans-Hose gekleckert – so ein Ärger aber auch! Diese Chance ließ sich der kleine Racker natürlich nicht entgehen, und kaum dass ich es mich versah, schleckte sie voller Wonne ausgiebig die Hosenbeine meiner Jeans ab.

„Hm, ist das lecker, wenn es doch nur mehr davon gäbe!", gab sie mir klipp und klar zu verstehen, während ihre kleine Knopfnase von dem Zaziki einen weißen Anstrich bekommen hatte.

Ich ließ sie gewähren, waren mir doch meine nicht vorhandenen Tischmanieren viel zu peinlich, um den Hund zu maßregeln. Ein bisschen Knigge könnte mir wirklich nicht schaden, aber was soll's. Gemundet hatte es, und es gab noch einen Ouzo als kleine Verdauungshilfe zum Abschluss oben drauf. Hm-ja, so ließ es sich wahrlich leben! Als es dann an das Bezahlen ging, wollte ich das kleine Missgeschick von Sandy durch ein hohes Trinkgeld wieder wettmachen, indes wurde das aber dankend abgelehnt.

So verließen wir das Lokal mit gut gefüllten Bäuchen und liefen dabei auf jenem blauen Teppich hinaus, den unser kleiner Racker vor einer guten Stunde noch so eindrucksvoll „getauft" hatte.

Und jedes Mal, wenn wir unserem Lieblings-Griechen wieder einmal einen Besuch abstatten, muss ich an dieses außergewöhnliche Erlebnis denken, wenn ich den blauen Teppich am Eingang so daliegen sehe. Indes sind die Spuren des Malheurs von damals schon längst nicht mehr sichtbar – zum Glück!

VIERZEHN

Der erste Winter steht vor der Türe

Langsam begannen die Tage merklich kürzer zu werden. Die Dunkelheit brach nun jeden Tag ein Stück weit früher herein als sonst und die Temperaturen erreichten alsbald einstellige Werte. All das war ein untrügliches Zeichen dafür, dass sich der milde Herbst nun für immer verabschieden würde und die kalte Jahreszeit endgültig vor der Türe stand.

Eine Jahreszeit, der ich persönlich fürwahr nicht viel abgewinnen kann. Wird der Winter doch geradezu regiert von Dunkelheit und Kälte, so sind es eben jene beiden Zeitgenossen, die sich in schöner Regelmäßigkeit wie ein Schatten auf meine Seele legen und sie nicht mehr loslassen.

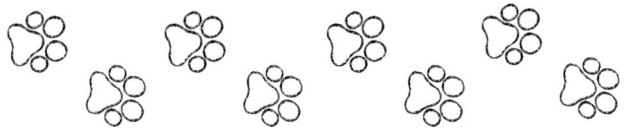

Und da war er nun, der erste Schnee! Sandy, nun gerade mal sechs Monate alt, betrachtete verdutzt das neue, weiße Etwas, das da jetzt überall in unserem Garten herumlag und zudem in feinen Flocken von oben auf sie herabfiel.

„Sandy, das ist Schnee!", klärte ich sie auf, während sie sich ganz vorsichtig dem neuen Element zu nähern begann.

„Tippel, tippel, tippel, tippel" – schon hinterließ sie ihre ersten, charakteristischen Pfotenspuren im Schnee und begann, in wilden Geißbock-Sprüngen umher zu hüpfen. Ganz aufgeregt stöberte sie dabei im tiefen Schnee, mal hier, mal da, und vergrub zeitweise ihre ganze Schnauze darin.

„Ist das alles toll hier!" Das neue Element machte ihr sichtlich Spaß, und so überschüttete ich sie mit frischen Schnee, woraufhin sie in einen unbändigen Drang zum wilden Herumsausen verfiel. Die üblichen „spinnerten fünf Minuten" eben, wie immer, wenn sie über etwas total aus dem Häuschen war und ihren inneren Überdruck herauslassen musste.

Nach einer guten halben Stunde des Herumtollens war es dann aber auch langsam genug, und so beorderte ich meine kleine Hündin in die warme Stube herein, um sie nach dem Eintreten erstmal mit einem Handtuch richtig trocken zu reiben, besonders ihren Bauch. Sichtlich müde geworden von all den neuen Erfahrungen und Eindrücken ließ sie sich sogleich neben dem wohlig warmen Kaminfeuer nieder, lauschte noch ein wenig dem Knistern des Holzes, um danach alsbald in einen Schlaf des Gerechten zu versinken.

Zu den leidigen Aufgaben eines Eigenheimbesitzers zählt im Winter das allseits gehasste Schneeschippen. Diese ungeliebte Pflicht fällt in der Regel früh am Morgen an, meistens genau dann, wenn es im warmen Bettchen gerade am schönsten ist. Und natürlich war es mein Job, mich um diesen lästigen Kram zu kümmern, war ja klar.

„Na klar, du sein starkes Mann!", bekam ich von meiner Frau leicht schmunzelnd zu hören, und, um noch eins drauf zu setzen „Du sein Hausherr!"

Na, super! Immer, wenn es um solche unliebsamen Sachen ging, war ich „der starke Mann" und „der Hausherr". Aber bitte, bevor ich zu diskutieren anfing und am Ende doch der Unterlegene gewesen wäre, fügte ich mich murrend in mein Schicksal. Und über Nacht hatte es natürlich wieder ordentlich geschneit. Ganz toll!

Mit einem „Los, aufstehen, Schnee schippen!", riss meine Frau mich aus einem süßen Traum. Super! Aber was sollte es, einer musste es ja tun. Und die von mir schon so oft geforderte Schneefräse wurde immer mit einem deutlichen Veto seitens meiner Frau belegt, mit dem Argument, das sei ja total „Rentner-mäßig".

„Na und, dann bin ich halt ein Rentner, was soll der Geiz!", bemerkte ich unwirsch, wusste allerdings auch, dass unser schmaler Geldbeutel einen solchen Luxus nicht zuließ. Sodann machte ich mich also daran, den frisch gefallenen Schnee, mit Schneeschaufel bewaffnet, zuleibe zu rücken.

Schnee finde ich so richtig cool!

Während ich mich draußen sichtlich abplagte mit dem Schneeschippen, vollführte Klein-Sandy in unserem Garten einen wahren Freudentanz. Natürlich nicht ohne dabei in ein lautes Freudengebell einzustimmen. Indes war mir das im Augenblick so was von sch…egal, war da doch ein unmenschlich langer Gehsteig nebst einer riesigen, nicht enden wollenden Einfahrt, die ich noch zu bewältigen hatte. Massen von Schnee! Oh, ich armes Würstchen!

FÜNFZEHN

Winterspaziergang

Indes, eine gute Seite kann ich dem Winter dann doch abgewinnen. Es sind dies die wunderbaren Ausflüge mit meiner kleinen Sandy in die schneebedeckte Winterlandschaft.

Wie an so manchen Tagen saß ich auch heute schon seit Stunden ohne Unterbrechung im Büro und arbeitete an meinem Computer. Der kleinen Sandy war es derweil sichtlich langweilig, weshalb sie zielstrebig zu mir ins Büro hoch kam und mir durch Kratzen an meinem Fuß unmissverständlich klar machte, dass jetzt ein Gassi-Gang angesagt wäre.

„Hey, Alter, mach mal Pause!", entnahm ich ihrem entschlossenen Gesicht, „lass uns eine Runde Gassi gehen!"

Als ich zunächst nicht so richtiges Interesse zeigte, unterstrich sie ihren Wunsch durch ein entschlossenes Hochhüpfen auf meinen Schoß.

„Okay, okay, hast ja Recht", dachte ich mir, und gab ihrem Willen bereitwillig nach. Und die kleine Sandy hatte wirklich Recht – so ein angenehmer Winterspaziergang mit Hund in der klaren Luft wirkt oftmals wahre Wunder und reinigt das Gehirn nach all den Stunden geistiger Arbeit.

„Also dann, packen wir's an, meine Kleine!" Rasch den Computer ausgeschaltet und schon konnte es losgehen.

Wie üblich war Sandy wieder so aus dem Häuschen über das anstehende Gassi-Gehen, dass sie total am Ausflippen war. Es folgte ihre übliche „Hilfe" beim Schuhe anziehen, wobei sie sich einen Heidenspaß daraus machte, mit ihren spitzen Zähnchen spielerisch an meinen Schnürsenkeln zu ziehen. Indes war dieser „Spaß" natürlich von höchst einseitiger Natur.

„Lass los, sonst dauert es noch länger!", wies ich sie zurecht, während ich mich anschickte, Jacke und Handschuhe anzuziehen.

Allerdings fand ich nur den linken Handschuh vor, denn seinen rechten Pendant hatte mir Klein-Sandy vorsorglich aus der Manteltasche geklaut.

„Habe ihn, he, he!", sagte mir ihr schelmischer Ausdruck im Gesicht, „hol ihn dir doch!" Dabei hüpfte sie ganz aufgeregt vor mir herum, in der Erwartung, dass ich ihr doch bitte nachrennen sollte, um den Handschuh wieder zu bekommen.

„Macht das einen Riesen-Spaß, Herrchens Handschuh zu entführen!", mag sie sich dabei wohl gedacht haben.

„Nun reicht es aber, gib her das Ding!", wies ich sie mit bewusst strengen Ton zurecht und forderte damit die ultimative Herausgabe meines Handschuhs. Wir wollten ja schließlich auch irgend wann einmal losgehen und nicht unsere Zeit mit Herumalbern vertrödeln. Da ich derjenige von uns beiden war, der das

Sagen hatte, brachte sie mir, wenn auch mit einem leisen Protest-Knurren untermalt, sogleich meinen Handschuh. So ging es dann, gut eingepackt, los in die weiße Landschaft da draußen.

Winterspaziergänge haben ihren ganz besonderen Reiz. All die Spuren der Tiere im Wald, die sonst nur eine Hundenase zu erkennen vermag, sind nun für uns Menschen auch sichtbar. So bewirkt die weiße Pracht zumindest für ein bisschen Gleichstand zwischen Mensch und Hund. Denn im Normalfall sind wir armseligen Menschen mit unseren gerade einmal fünf Millionen Riechzellen dem Hund, der zirka 220 Millionen davon besitzt, hoffnungslos unterlegen.

Wir liefen unseren gewohnten Waldweg entlang, der jetzt nur noch ein schmaler Trampelpfad war, gerade einmal so breit, dass ein Mensch hindurch laufen konnte. Meine kleine Sheltie-Hündin hielt es freilich nicht auf dem Weg, sie hüpfte – oder sollte ich besser sagen, sie robbte sich – förmlich im tiefen Schnee durch die nahe liegenden Büsche hindurch, immer auf der Suche nach interessanten Neuigkeiten.

Durch den Schnee konnte ich jetzt auch gut erkennen, wo überall schon andere Hunde ihre Hinterlassenschaften liegen ließen. Erstaunlich, wie viele gelbe Stellen und „Würstchen" verschiedener Größe und

Couleur den Wegesrand zierten. Hier hatte heute wohl schon reger Betrieb geherrscht.

Als wir tiefer in den Wald eindrangen, wurde der Schnee so fest, dass er den kleinen Hund mit seinen gerade mal sieben Kilo mühelos zu tragen vermochte. Sandy konnte nun locker darüber laufen.

„Glücklicher Hund!", dachte ich mir, als ich den kleinen Racker nun voller Freude quer durch den Wald rasen sah.

Schon bald trafen wir auf ein freies Feld, wo Sandy sogleich eine Schar schwarzer Raben entdeckte, die dort friedlich beisammen saß. Es folgte eine jauchzende Bell-Arie und der Versuch, die gefiederten Freunde zu erwischen, was natürlich nicht von Erfolg gekrönt war. Kaum, dass das bellende Monster angestürmt kam, verdrückten sich die schlauen Vögel rechtzeitig auf einen nahe gelegenen Baum. Da konnte Sandy so laut bellen wie sie wollte, die Vogel-Clique schaute sich ihr sinnloses Treiben von oben mit gelassener Miene an und wartete geduldig, bis sie sich der kleine Kläffer wieder verzogen hatte.

„Hey Jungs, der Krachmacher ist wieder weg, jetzt können wir in Ruhe wieder auf unser Feld!", dachten sie sich wohl, als wir uns so langsam wieder auf den Heimweg machten.

Zuhause angekommen, gönnte ich mir einen ordentlichen steifen Grog, um die Kälte aus meinem Körper zu vertreiben. Den hatte ich mir jetzt wahrlich verdient!

SECHZEHN

Milchzähne und Zysten

Mit dem Übergang vom Welpen zum erwachsenen Hund geht auch der Verlust der Milchzähne einher, die oftmals partout nicht von selbst herausfallen wollen. Daraus resultierend wird ab einem gewissen Zeitpunkt die Entscheidung für ein operatives Zahnziehen durch einen Tierarzt unausweichlich.

Nicht anders verhielt es sich bei unserer kleinen Sandy. Einzelne Zähnchen ihres spitzen Welpengebisses hielten sich hartnäckig, so sehr wir auch versuchten, mit entsprechenden Kaumaterialien den natürlichen Verlust der Milchzähne zu forcieren. Immer mehr deutete es sich an, dass ein Gang zum Tierarzt wohl unumgänglich werden sollte.

Da das Zahnziehen erfahrungsgemäß ein relativ heftiger und schmerzhafter Eingriff ist, musste der Hund dazu unter Vollnarkose gesetzt werden. Wir hatten deswegen schon etwas Angst, dass Probleme während der Narkose auftreten könnten. So zögerten wir den Eingriff so weit es nur ging hinaus, in der Hoffnung, dass die Milchzähne vielleicht doch noch von selbst herausfallen würden. Sie taten es indes nicht, jedoch nahm uns ein anderes Problem unsere Entscheidung dann sehr schnell ab.

„Was ist denn das für ein komischer Bollen in Sandys Ohr?", fragte ich besorgt meine Frau, als ich eines Tages eine erbsengroße Fleischwucherung in Sandys Ohr entdeckte, „der war doch vorher noch nicht da!"

„Stimmt, den habe ich auch noch nicht gesehen", erwiderte sie mir. „Du, das sieht gar nicht gut aus! Lass uns gleich zu unserer Tierärztin gehen, ich mach' mir schon etwas Sorgen deswegen!"

Gesagt, getan, und so packten wir Klein-Sandy flugs in unser Auto und fuhren schnurstracks zur Tierarztpraxis.

„Das ist eine Zyste, die müssen wir so schnell wie möglich heraus operieren", war die klare Diagnose unserer Tierärztin, „sonst entzündet die sich noch und alles wird nur noch schlimmer."

Na klasse! Das bedeutete also: Operation! Vor einem Eingriff unter Narkose hatten wir uns immer gefürchtet, hörte man doch allenthalben die schauerlichsten Geschichten, die bei der Narkotisierung eines kleinen Hundes so passieren können. Der einzige positive Aspekt, dem wir der Sache abgewinnen konnten, war der, dass in dem Zusammenhang natürlich auch gleich die Milchzähnchen mit gezogen werden konnten. Also war nur eine einmalige Narkose notwendig, um beides zu operieren.

Als der große Tag der Operation näher rückte, waren alle aufgeregt, am wenigsten jedoch unsere kleine Sandy. Klar, sie wusste ja noch nicht, was sie da erwarten würde, und zu unserer Tierärztin ging sie immer sehr gerne, weil sie da zur Belohnung immer hinterher ein paar gute Leckerlis bekam.

„Also dann, packen wir's an!", dachte ich zu mir, um mir selbst etwas Mut zuzureden. Indes konnte mich das nicht wirklich beruhigen, so dass sich bei mir bereits während der Fahrt zur Tierarztpraxis ein mulmiges Gefühl in der Bauchgegend einstellte. Dort angekommen, wurden wir auch sofort an die Reihe genommen, damit das Leiden (vor allem das des Herrchens!) nicht allzu lange dauerte.

„Dort ist der Narkoseraum", bekam ich von der Tierarzthelferin gesagt, „setzen Sie sich doch gleich mal dort hinein, die Doktorin kommt gleich zu ihnen." Also setzte ich mich auf das braune Ledersofa und legte Sandy vor mir ab. Ich fand es damals wirklich schön, dass ich bei der Narkose des kleinen Hundes mit anwesend sein durfte, um ihm die Angst etwas zu nehmen.

Noch freute Sandy sich, als sie die Tierärztin zur Türe herein kommen sah, aber schon bald begann sie zu merken, dass in Kürze etwas mit ihr passieren sollte. So saß sie plötzlich da, ganz kleinlaut, als ihr die gefürchtete Narkosespritze von der Tierärztin verpasst wurde. Ich saß daneben und hielt derweil schützend meine Arme um sie, um ihr ein Gefühl der Sicherheit und Geborgenheit zu vermitteln.

Die Spritze zeigte rasch ihre Wirkung. Langsam merkte ich, wie meine kleine Prinzessin begann, nach der Seite wegzusacken und in einen tiefen Schlaf zu verfallen. Ich legte sie behutsam auf den Boden, und ihre Zunge hing seitlich zu ihrer Schnauze heraus. Nun befand sie sich also im Reich der Träume und war bereit für die Operation. Es war Zeit, für mich zu gehen.

Es folgten bange Stunden des Wartens und der Hoffnung, dass alles gut verlaufen würde. Es waren fürchterlich lange Stunden, die einfach nicht vergehen wollten, bis es am Nachmittag endlich soweit war, dass der Termin zur Abholung nahte.

Mit einem mulmigen Gefühl machte ich mich wieder auf den Weg zur Tierarztpraxis.

„Und, wie geht es meiner kleinen Sandy, ist alles gut gegangen?", platzte ich heraus und vergaß dabei die ansonsten ja obligatorische Begrüßung.

„Hören Sie selbst!", bekam ich von unserer Tierärztin zur Antwort, und sie konnte sich ein kleines Schmunzeln nicht verkneifen. Und wie ich es hörte! Da drang vom unteren Stock, dort, wo sich die Operationsräume befinden, ein leises, aber umso mehr herzzerreißendes Wimmern nach oben.

„Meine arme, kleine Sandy!", dachte ich mir „aber Hauptsache, alles ging gut!" Ich war doch sichtlich erleichtert!

Die Tierärztin hatte dann auch Erbarmen mit uns beiden und nahm mich sofort dran, obwohl schon einige „Patienten" im Wartezimmer der Praxis saßen. Mit den Worten „Ich muss erst mal den Heuler abgeben!", fand sie bei allen anwesenden Tierfreunden volles Verständnis angesichts des herzerweichenden

Hundejammerns, das von unten herauf in das Warte-zimmer drang.

„Sandy!", rief ich hocherfreut und bekam sofort ein paar lautstarke Beller als Begrüßung zur Antwort. Noch nie war ich so glücklich darüber, ihr Wuffern zu hören!

„Na komm!", rief ich ihr überglücklich zu und sie raste, was ihre kleine Pfötchen herzugeben vermoch-ten, schnurstracks in meine Arme. Zu mir, der, genau wie meine liebe Frau, schon längst zum Mittelpunkt ihres kleinen Hunde-Universums geworden war.

Indes war ihre Wiedersehensfreude so riesengroß, dass sie es wieder mal nicht halten konnte. Es folgte das, was in solchen Situationen immer passierte: Ein „Champagner-Empfang" par excellence!

Bei der Tierärztin gibt es immer so gute Leckerlis – ganz toll!

SIEBZEHN

Frühlingserwachen

Frühling, endlich wieder Frühling! Zeit, Lebewohl zu sagen von dem betrüblichen Gesellen Winter, gleichsam Abschied zu nehmen von der damit einhergehenden, unbehaglichen Kälte und dem tristen Grau in Grau, das die gesamte Landschaft in dieser Jahreszeit einhüllt.

Die ersten Vorboten des Frühlings waren schon deutlich zu spüren. Die warme Frühlingssonne rückte erbarmungslos dem letzten Rest der weißen Jahreszeit zu Leibe und ermunterte die ersten Krokusse, aus ihrem Winterschlaf zu erwachen. In ihrer weißen, gelben und violetten Farbenpracht sind sie der Inbegriff des bevorstehenden Frühlings und waren ein erster Lichtblick auf bessere Tage. Winter ade, scheiden tut – anders als der Volksmund es besagt – fürwahr *nicht* weh, wenn es nach mir ginge.

Ja, man konnte ihn bereits *riechen*, den Frühling! Jener liebliche Duft, der soviel Euphorie, Glücksgefühl und ein unbeschreibliches Wohlbefinden in einem Menschen auszulösen vermag. Oh, wie gut das doch tat! Die Natur erwachte zu einem neuen Jahr voller neuer Pläne, Hoffnungen und Träume.

Der Biologe mag diese Frühlingsgefühle streng wissenschaftlich einer vermehrten Ausschüttung der

Glückshormone Serotonin und Dopamin zuzuschreiben, jedoch glaube ich, dass das Geheimnis wesentlich tiefer verborgen liegt als die nüchterne Naturlehre es beschreibt. Der Frühling bedeutet – zumindest für mich – jedes Mal aufs Neue eine Neubesinnung voller Zuversicht und ist gleichsam die Chance eines Neuanfangs auf dem Weg des Lebens.

„Reset" würde man das wohl in der Computersprache nennen. Und es stellt sich, wie jedes Jahr, die spannende Frage: Was wird uns das neue Jahr wohl alles bringen? Welche Freude, aber auch welches Leid, welche schöne, aber auch welche schwere Stunden werden uns erwarten? Welche Entscheidungen werden wir treffen müssen? Fragen über Fragen an das neue Jahr, das uns bevorsteht.

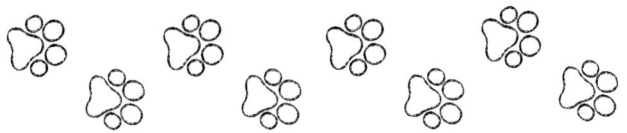

Indes interessierte sich meine kleine Sandy so ganz und gar nicht für meine philosophischen Betrachtungen, sie dachte da eher ganz praktisch. Ihre feine Nase hatte schon längst bemerkt, dass der erste warme Frühlingstag hereingebrochen war. Begierig inhalierte sie die frische Frühlingsluft, indem sie ihre schlanke Schnauze durch den Spalt unserer Terrassentüre steckte und mich kurz darauf mit einem entschiedenen „Wuff" aufforderte, diese doch bitte schön zu öffnen, damit sie flugs nach draußen stürmen konnte. Nach draußen, wo ein mehrstimmiges Vogelgezwitscher den nahenden Frühling lautstark eingeläutet hatte.

„Zeit für ein ausgiebiges Sonnenbad!", beschloss meine kleine Prinzessin spontan, musste sie doch lange Zeit auf diesen Wohlgenuss gänzlich verzichten. Gesagt, getan, sogleich sah man sie auf dem Terrassenboden zur „langen Wurst" werden, wobei sie sich eine volle Breitseite der wärmenden Sonnenstrahlen auf ihren dunklen Pelz brennen ließ.

„Ah, tut das gut!", dachte sie bei sich, als sie genüsslich alle Viere von sich streckte und ihr dabei offensichtlich so kannibalisch wohl war wie den sprichwörtlichen „fünfhundert Säuen" aus Goethes Faust.

Nichts und niemand konnte sie in ihrem Faulsein stören, nicht einmal das Bellen des Nachbarhundes vermochte sie aus der Ruhe zu bringen. Dort, wo sie ansonsten sofort mit einem lauten und bestimmten Gegen-Gebell geantwortet hätte, verlor sie jetzt nicht mal ein Stirnrunzeln.

„Soll der doch bellen, ist mir doch schnuppe, mir geht es gerade sauwohl!", dachte sie sich, drehte sich faul zur Seite und ließ ein leises Stöhnen verlauten, das von allerhöchstem Behagen zeugte.

Dennoch wollte ich der „gepflegten Faulheit" meines kleinen Rackers nun ein Ende bereiten, denn bei diesem schönen Wetter drängte es mich nach draußen, dorthin, wo die Natur just zu neuem Leben erwacht war. Diese wunderbare, frühlingshafte Atmosphäre war wie geschaffen für einen gemeinsamen Ausflug in die nahe gelegenen Felder, die nur einen Steinwurf von unserem Haus entfernt lagen.

„Also los, gehen wir Gassi!", munterte ich den kleinen Faulpelz auf. Das musste ich wahrlich nicht zweimal sagen, ist Gassi-Gehen neben Fressen doch ihre absolute Lieblingsbeschäftigung.

„Hier bin ich, Halsband anlegen, zack, zack!", forderte sich mich denn auch prompt auf, indem sie, wie jedes Mal, ganz aufgeregt auf der dritten Stufe unserer Wendeltreppe hin- und hertippelte. Ihre kleine Kulleraugen leuchteten vor Glück, als sie das Stück Leder mit den vielen kleinen Plaketten umgemacht bekam, wusste sie doch ganz genau, dass es nun sofort losgehen würde.

„Bitte bleib cool!", forderte ich sie auf, wollte ich doch den üblichen Indianertanz vermeiden, den sie bei solchen Gelegenheiten vor lauter Freude immer zu vollführen pflegte. Um ihre innere Anspannung nicht zu sehr zu strapazieren, beeilte ich mich auch mit dem Anziehen, und flugs waren wir auch schon aus dem Haus hinaus.

Auf dem Weg zu den nahe gelegenen Feldern mussten wir zwangsläufig ihre Lieblingsstelle passieren, dort, wo sich nachts immer zwei Igel tummelten. Eine wahre Geruchsorgie für den kleinen Hund, indes aber auch eine Geduldsprobe für mich, denn zu meinem Leidwesen hielt sie sich jedes Mal endlos lang in dieser Ecke auf, in der Hoffnung, die stacheligen Kameraden einmal aufzustöbern. Am helllichten Tag bestand jedoch wenig Aussicht, die beiden Igel anzutreffen, trotzdem war Sandy wieder einmal nur mit nachdrücklichem Rufen von dort wegzubewegen.

„Jetzt aber los, lass die armen Igel in Ruhe!", wies ich sie vehement an, und sie kam zwar widerwillig, aber sie kam. „Na, also geht doch!", dachte ich mir.

Sodann führte uns der Weg über einen großen Schulhof, der zu der örtlichen Volkshochschule gehört, in der auch gerade ein Kurs lief. „Madam Naseweis" konnte es sich natürlich nicht verkneifen, ihre vorwitzige Knopfnase an das Fenster zu drücken, das sich hier just in Bodennähe befindet, um mal kurz zu checken, was da drin denn so läuft.

„Hey!" rief ich, „sei nicht so neugierig!", woraufhin sich Klein-Sandy auch prompt wieder auf den Weg zurück machte. Doch plötzlich blieb sie wieder ein Stück zurück.

„Was ist denn nun schon wieder, komm endlich!", rief ich etwas genervt.

Indes sollte ich den Grund für ihr Zurückbleiben sogleich erfahren. Nicht zu fassen, da hatte sich der kleine Racker doch eine alte, gammelige Butterstulle aus einem Mülleimer gefischt und kam mit seiner Beute im Maul daher, in der Absicht, diese auch sogleich zu verspeisen!

„Auuuuuus!", brüllte ich sofort aus voller Kehle, in der Hoffnung, dass Sandy das ekelhafte Ding daraufhin sofort loslassen würde. Mein lautstarkes Blöken hatte seine Wirkung tatsächlich nicht verfehlt, denn prompt ließ Sandy von der vergammelten Stulle ab, wenn auch deutlich widerwillig.

„Not very British, my little Lady!", machte ich ihr mit Nachdruck klar, indes schmerzte sie das entgangene Mahl wohl mehr als ihr vermeintlich nicht standesgemäßes Verhalten. Mein undankbarer Job war es dann, die alte Gammel-Stulle wieder in einen Mülleimer zu befördern, leckere Sache!

Noch zwei Querstraßen, und schon lagen die freien Felder vor uns. Weizenfelder, Maisfelder, oder war es am Ende Roggen? Noch waren es zierliche Pflänzchen, aber schon bald würden sie hoch und in voller Frucht und Blüte stehen. Die Landschaft, die vor uns lag, war endlos weit und offen, und überall war bereits das Erwachen des Frühlings zu erkennen. Reste von Schnee waren noch zu finden, dort, wo die Frühlingssonne die Macht über den Winter noch nicht endgültig erlangt hatte. Ich merkte, wie der Bewegungsdrang meiner kleinen Sandy kaum mehr zu bändigen war, und so gab ich ihr mein O.K., damit sie nach Herzenslust in der freien Natur herumsausen konnte.

Derweil schweifte mein Blick in die Ferne; die Berge waren zum Greifen nah, es war, als ob man mit einem einzigen Satz dort wäre. Noch waren sie komplett eingehüllt in tiefem Weiß, doch schon bald würde auch dort das Grün des Waldes die Oberhand gewinnen. Einzig weit oben, in schwindelnden Höhen, hielt der Schnee bis weit in den Sommer hinein wacker stand, in so manchem Jahr blieb sogar eine puderbedeckte weiße Spitze das ganze Jahr über erhalten. Der Horizont war so weit und so klar, dass es mir vorkam, als ob die Elemente der Natur miteinander zu verschmelzen schienen, der Himmel, die majestätischen Berge und die sie umgebende Landschaft bildeten hier eine harmonische Einheit. Die bunten Farben des Frühlings wirkten wie ein Quell der Ruhe und der inneren Erkenntnis auf mich.

So verweilte ich gut eine halbe Stunde lang an dieser Stelle und ließ meinen Gedanken freien Lauf, während der kleine Hund ausgiebig seinen Sausedrang ausleben durfte.

Während ich so gedankenverloren über den weiten Horizont blickte, wurde mir schmerzlich klar, dass mit jedem neuen Frühling ein weiteres Jahr auf meinem persönlichen Tachometer des Lebens zu verzeichnen war und dass ich mit jedem Jahr meinem Lebensende einen weiteren Schritt näher kam. Die eigene Vergänglichkeit wurde mir plötzlich auf schmerzliche Weise bewusst.

In solchen Momenten verfällt man nur allzu gerne in sentimentale Gedanken, so geschah es denn auch mir. Ich blickte zurück in eine Zeit, in der ich noch jung und unbeschwert war, in eine Zeit, in der die Welt noch in Ordnung zu sein schien. Indes ist dies natürlich ein Stück weit Selbsttäuschung und Trugschluss zugleich, tatsächlich war die Welt früher in demselben Maße mehr oder weniger in Ordnung wie sie es heutzutage ist. Nur neigt man als alternder Mensch allzu leicht dazu, die Vergangenheit mit einer gewissen Verklärung anzusehen und alles Unangenehme mit der rosaroten Brille des Vergessens auszublenden.

Egoismus, Profitgier oder auch Rücksichtslosigkeit dem Mitmenschen und der Natur gegenüber spricht man gerne der Gegenwart zu, genauso wie der in beängstigender Weise zunehmende Klimawandel, die Erderwärmung und das drohende Baumsterben. Doch indes sind all diese Dinge keine Phänomene, die die heutige Zeit hervorgebracht hat, nein, es gab sie freilich auch zu früheren Zeiten bereits, und die Ausbeutung der Natur hat letztlich ihren Ursprung nicht erst in den letzten Jahren, sondern ist eng verbunden mit der einhergehenden Industrialisierung des letzten Jahrhunderts.

Dennoch muss man bei genauerer Betrachtung feststellen, dass das Ausmaß des alltäglichen Wahnsinns eine deutliche Steigerung gegenüber den letzten fünf Dekaden erreicht hat. Die moderne Welt und ihre verlockenden Massenmedien, die in der Tat immer mehr Überwachung und immer weniger Privatsphäre verheißen, sind wohl der Erzfeind jeglicher persönlicher Entfaltung und Kreativität. Man mag sich darüber hinaus fragen, wo die soziale Verantwortung beim Menschen von heute verblieben ist.

Wenn man mit offenen Augen und Ohren auf diese Welt blickt, wird man feststellen, dass das unselige Streben nach dem „Haben", wie es Erich Fromm seinerzeit bereits anprangerte, schon längst das „Sein" verdrängt hat. Die Geißel des Konsums, gleichsam das egoistische Streben nach Erfolg, Macht und Geld, sind zum Mittelpunkt des Menschen geworden und haben längst die Stelle von Gemeinsinn und Solidarität eingenommen. Dabei ist es eine uralte Erkenntnis, dass Reichtum zwar irgendwo beruhigt, aber am Ende nicht wirklich zufrieden und mitunter sogar gar sehr einsam machen kann.

Manchem mögen meine Gedanken fatalistisch vorkommen, indes meine ich, dass es im Grunde darauf ankommt, seinen *eigenen* Weg zu finden, sein *eigenes* Lebenskonzept zu entwickeln und sich dabei nicht dem Zwang der Masse zu unterwerfen. Und sei es auf die Gefahr hin, als Dinosaurier verschrien zu werden.

Was soll's – you can call me a dinosaur, if you want!
Mich kratzt es nicht.

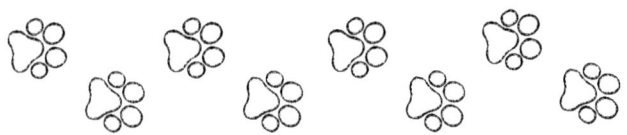

Urplötzlich wurde ich in die reale Welt zurückgeholt,
als ein schwarzes Stück Pelz mit Knopfnase voran um
die Ecke gehuscht kam und mich abrupt aus meiner
Gedankenwelt riss.

Ja, die harte Realität hatte mich wieder und heftiger
denn je! Denn das, was da so unangenehm gen Himmel stank, kam eindeutig aus Richtung meines kleinen
Shelties.

„Boah, echt krass!", dachte ich mir, „das darf doch
nicht wahr sein!" Und ob das wahr war! Da hatte sich
der vermaledeite Hund doch wieder mal in irgend
einem übel riechenden Kot gewälzt und stank nun am
ganzen Körper wie ein alter, vergammelter Fisch.

„So ein Ärger! Toll, ganz toll! Das war's dann für
heute!", beschloss ich angesichts einer Geruchsbelästi-
gung der verschärften Art.

Indes unterstellte ich der kleinen Sandy keine Absicht und verkniff mir deshalb auch eine Maßregelung,
zumal der Hund sowieso nicht verstehen würde, wel-
chen Fehler er denn nun begangen haben sollte. Man
muss dazu wissen, dass Hunde dieses Verhalten rein
instinktiv an den Tag legen, da dies ein Überbleibsel

ihrer wilden Wolfsvergangenheit ist. Wenn man den Erzählungen Glauben schenken darf, so hatte sein Urahn, der Wolf, offenbar auf diese Weise versucht, seinen Eigengeruch gegenüber einem Beutetier zu übertünchen und dem Rudel mitzuteilen, dass lohnende Beute in Sicht ist.

Nichtsdestotrotz stank der Hund drei Meilen gegen den Wind, so dass erstmal dringend ein komplettes Hundebad von Nöten war. Sandy merkte sofort, was die Stunde geschlagen hatte und machte ein ziemlich bedröppeltes Gesicht. Aber es half alles nichts, flugs nach Hause gehen und den Hund in die Badewanne stecken war angesagt. Sehr zum Missfallen der kleinen Sandy, die sich, zuhause angekommen, gleich mit einem „Ich-bin-nicht-da …"-Blick klammheimlich verdrücken wollte.

Doch da hatte sie bei mir nun überhaupt keine Chance! So wie der kleine Hund zehn Meter gegen den Wind roch, war einfach ein ordentliches Bad fällig. Basta!

„Halt! Hiergeblieben, ab ins Bad!", ertönte mein entschlossenes Kommando, als sich die kleine Sandy ins hinterste Eck verkriechen wollte.

Sie merkte wohl, dass es kein Entrinnen gab und fügte sich widerwillig, aber dennoch gehorsam meiner Aufforderung. Als tapferer Sheltie ließ sie die Tortur der Hundewäsche wie immer klaglos über sich ergehen. Nachdem ich sie richtig gut abfrottiert hatte, bestand ihre letzte Trockenphase aus einem ausgiebigen Sonnenbad auf der warmen Terrasse.

Arme Sandy, so ein Hundebad ist wahrlich nicht ihr Ding

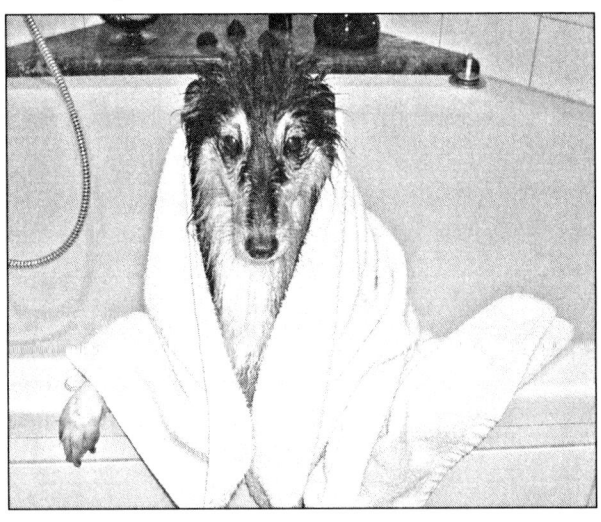

ACHTZEHN

Sandy auf dem Anrufbeantworter und andere Zwischenfälle

Dass Bellen eine große Leidenschaft von Sandy ist, davon habe ich bereits ausführlich erzählt. Dass sich in Folge dessen zwangsläufig manch skurrile Episoden im Alltagsleben abspielen müssen, liegt fast schon auf der Hand.

Sandy auf dem Anrufbeantworter

Heute musste ich wieder einmal einige wichtige Telefonate erledigen, die keinen Aufschub mehr zuließen. Während ich mich hektisch am Telefon zu schaffen machte, lag Sandy gelangweilt auf ihrem Beobachtungsposten unter der Eckbank und passte genau auf, was denn da draußen so abging und wer an *ihrem* Reich so alles vorbei lief.

Wie immer hatte ich wieder mal vergessen, meinen Bandkollegen Sammy, seines Zeichens Bassist, rechtzeitig wegen der heute bevorstehenden Bandprobe anzurufen.

„Mensch, Sammy, wo steckst du denn schon wieder?", dachte ich mir, als dieser wieder mal nicht am anderen Ende dran war, sondern nur die obligatorische Frauenstimme „Der Teilnehmer ist derzeit leider nicht verfügbar, bitte hinterlassen Sie eine Nachricht nach dem Piepton!"

„Na gut, dann quatsche ich ihm eben den ganzen Senf auf den AB", beschloss ich.

Und „Piep". Ich begann damit, ihm eine Nachricht aufzusprechen. „Also, Sammy …"

Nur war mir leider ein unheimlich schlechtes Timing beschert. Denn mittendrin, während ich meine Nachricht so drauf quasselte, entdeckte Sandy da draußen irgendwelche „Eindringlinge", die an unserem Garten vorbeiliefen. Prompt stimmte sie ihr gewohntes, lautstarkes Wuffern an, und wollte damit wie immer zu erkennen geben: „Hier wache ich!"

So war diese „tierische Nachricht" nun auch mit auf dem Anrufbeantworter drauf, da sie just in dem Augenblick ertönte, in dem ich gerade brav mein Sprüchlein aufgesagt hatte.

Zu allem Überfluss rief ich noch lautstark „Ruhe, Sandy!", um dem Hundelärm Einhalt zu gebieten, ohne jedoch zu bedenken, dass ich immer noch voll auf Sendung war.

„Ganz toll, ehrlich! Na, der Sammy wird sich seines denken beim Abhören meiner Nachricht. Aber egal, was soll's, warum eigentlich immer normal sein, das ist doch stinklangweilig …", dachte ich mir und hielt das am Ende sogar noch für einen coolen Gag.

Wachtmeister Sandy

Zuweilen kann eine „Alarmanlage Marke Sandy" auch ganz schön verdrießlich sein.

Es war an einem Samstag so gegen zwei Uhr nachts. Meine Frau und ich schliefen einen gerechten Schlaf und wir dachten beide gewiss an nicht Böses. Auf einmal wurden wir von einem heftigen „Wuff, wuff, wuff, wuff, wuff, wuff, wuff!" geweckt. Na klar, Sandy war wieder einmal voll auf Touren!

„Heilig's Blechle, Hund, was ist denn nun schon wieder los!", rief ich etwas genervt, hatte mich der kleine Kerl doch aus abrupt einem süßen Traum heraus gerissen.

Der Grund für ihr Bellen wurde denn auch schnell klar. Draußen auf der Straße vergnügten sich einige sichtlich angetrunkene Jugendliche und grölten wild umeinander, was ihre Kehlen so hergaben.

Na, denen gab Sandy mit ihrem lautstarkem Gebell aber so richtig Fersengeld. „Hey, ihr da unten, ihr habt hier nichts rumzugrölen! Gebt gefälligst Ruhe und verzieht euch!", schimpfte sie mit den ihr zur Verfügung stehenden Mitteln.

„Du blöde Töle, halt's Maul!", kam die Antwort von unten und sie begannen eine wahre Schimpftirade auf den bellenden Spielverderber abzufeuern, der sie in ihrer Feierlaune doch sichtlich störte. Um dieses Büchlein jugendfrei zu halten, möchte ich keine weiteren Details dieser verbalen Attacken beschreiben.

Sandy ließ dies indes völlig kalt, im Gegenteil, sie bellte munter weiter, nun sogar lauter als zuvor. Daraufhin hatten die Jungs da draußen nun doch langsam genug und machten sich fluchend vom Acker.

„Gut gemacht, kleine Sandy! Du machst einem Wachhund alle Ehre, auch wenn der Schlaf erstmal futsch ist", erteilte ich ihr den verdienten Lob, und verlieh ihr danach offiziell den Titel „Wachtmeister Sandy".

Sandy und der Fronleichnamszug

Immer, wenn uns Fronleichnam ins Haus steht, muss ich an eine Geschichte denken, die mir damals, als sie sich zugetragen hatte, äußerst peinlich war.

Vorausschicken muss ich dazu, dass wir in einem Vorort von München wohnen, in dem die alten Traditionen noch hochgehalten und gepflegt werden. In diesem Sinne sind wir noch ganz „Dorf" und das ist auch irgendwo gut so. In Zeiten, in denen die alten Bräuche einfach fraglos über Bord geworfen werden zugunsten der sprichwörtlichen „neuen Säue, die durchs Dorf getrieben werden", tut es gut, ein Stück Vergangenheit bewahrt zu wissen. So gehört es zur alljährlichen Gewohnheit in unserer kleinen Stadt, dass der Fronleichnamszug der hiesigen Kirchengemeinde just an unserem Haus vorbeiführt, geradewegs unterhalb unseres Schlafzimmerfensters.

Soweit, so gut. Nun zu der Geschichte. Während sich also damals die Gemeindemitglieder dem heiligen Gebet und Gesang auf der vorbeiführenden Straße hingaben, lag ich – zu meiner Schande, wie ich gestehen muss – noch immer schlafend in meinem Bett. Sandy machte es sich derweil gemütlich auf dem Fell vor meinem Bett.

Dann plötzlich ein leises Knurren von dem kleinen Racker – ich hätte vorgewarnt sein sollen – und weg war sie! Im Eiltempo raste sie die Treppen hinunter, huschte fix durch die offene Terrassentüre und bellte, was das Zeug hielt, während draußen andächtig das Halleluja erklang. So was von peinlich aber auch!

Da ich aber erst noch die gleiche Strecke zurücklegen musste, bis ich sie zurückrufen konnte, dauerte das Schauspiel eine gute halbe Minute. Zeit, um mich anzuziehen, blieb mir nicht, so rannte ich notgedrungen im Schlafanzug in den Garten hinaus.

„Ruhe jetzt, aber sofort!", schrie ich, um dem kleinen Racker sofortigen Einhalt zu gebieten. Zum Glück hatte das gefruchtet; mein forsches Auftreten beeindruckte sie wohl so, dass sie von ihrem lauten Bellkonzert ad hoc abließ.

Wie auch immer, Hauptsache, ich hatte mein Ziel erreicht, der höchst verdrießlichen Vorstellung ein sofortiges Ende zu bereiten. Da war es dann auch Nebensache, dass ich im Schlafanzug auf der Terrasse stand, unsere dichte Thuja-Hecke verdeckte zum Glück die Sicht nach draußen, so dass mich wohl kaum einer aus der Prozession gesehen haben dürfte. Das hoffte ich zumindest!

Fürwahr, das war wohl die längste halbe Minute meines Lebens!

NEUNZEHN

Fressi, Fressi und nochmals Fressi!

Ich erzähle einem Hundefreund vermutlich nichts Neues, wenn ich darüber berichte, dass für meine kleine Sandy neben dem geliebten Gassi-Gehen das Wichtigste in ihrem Hundeleben all das ist, was sich um das spannende Thema „Fressen" dreht, oder, wie ich zu sagen pflege, „Fressi".

Ihr heiß und innig geliebter Fressnapf und dessen Inhalt ist wohl *der* zentrale Mittelpunkt ihrer kleinen Welt. Und natürlich ist da auch noch dieser große, graue, magische Kasten, genannt Kühlschrank, in dem all die guten Sachen drin sind, die leider unerreichbar für sie sind. Dieser heiligste aller Tempel, Schrein ihrer Anbetung, Inhalt ihrer geheimsten Träume – was würde sie dafür geben, wenn sie den alleine aufmachen könnte! Alles, vermutlich sogar ihre kleine Hundeseele! Reinhard Mey beschrieb dies nur allzu treffend in seinem Lied „Es gibt Tage, da wünscht' ich, ich wär' mein Hund".

Und wahrlich – Sandy kennt es nur zu genau, das Geräusch, wenn die Kühlschranktür aufgeht und die Wurstschublade gezogen wird. Höchste Alarmbereitschaft für den kleinen Hund! Dieser „Wurstfach-öffne-dich"-Sound ist wohl die ewige Nummer Eins in ihrer höchstpersönlichen Hitparade. Egal, wie tief ihr Schlaf oder wie interessant es gerade draußen im Garten ist – ertönt dieses magische Geräusch, dann wird alles andere sofort zur Nebensache und sie kommt im Laufschritt angespurtet, in der Hoffnung, dass etwas für sie abfallen könnte. Denn die Hoffnung stirbt erfahrungsgemäß zuletzt. Und manchmal, ja manchmal hat sie auch Glück und es fällt etwas Leckeres für sie ab.

Ja, Fressen ist wahrlich eine unendliche Geschichte für den kleinen Hund, aber ich will mich nicht beschweren, denn, Hand aufs Herz, sind wir Zweibeiner denn um so viel besser? Im Grunde genommen nicht, wohl doch eher im Gegenteil: Wir stopfen die guten, aber leider auch dick machenden Sachen oftmals wahllos in uns hinein und begründen das mit dem lapidaren Wort „Appetit". „Esslust" oder „Heißhunger" trifft es indes besser, und so ist es nicht verwunderlich, dass wir manchmal nicht die der Gesundheit zuträglichen Körpermaße haben. Auch ich nicht, das gebe ich offen und ehrlich zu. So ist's eben.

Von daher hat es ein Hund deutlich besser. Wenn sein Herrchen verantwortungsvoll mit der Hundeernährung umgeht, bleibt der Hund auch gesund, da er eben *nicht* die Möglichkeit hat, alles leichtfertig in sich hinein zu schlingen, auch wenn er es natürlich nur allzu gerne täte.

Ja, es gibt wahrlich viele lustige Sandy-Geschichten über das spannende Thema „Fressen" zu berichten. Ein paar davon will ich jetzt erzählen.

Kommt eine Nudel geflogen ...

Leider frönen auch wir immer mehr einer Unsitte, die die heutige Welt so mit sich bringt, nämlich das Essen vor dem heimischen Fernseher zu uns zu nehmen. Wen mag es verwundern, hat das Satellitenfernsehen uns inzwischen hunderte von Fernsehkanälen beschert, die eine riesengroße Verlockung darstellen. Segen oder doch eher Fluch dieser modernen Informationsgesellschaft? Der Leser mag es für sich selbst entscheiden. Der Mensch hat es sich zur unseligen Gewohnheit gemacht, bei jeder ihm bietenden Gelegenheit vor der Glotze zu sitzen, und selbstverständlich auch beim Essen. Das hat sich einfach so eingebürgert, leider auch bei uns. Und immer, wenn es Essenszeit ist, findet man die kleine Sandy regelmäßig in der Nähe des Couchtischs, auf dem die guten Leckereien stehen. Merkwürdigerweise sitzt der kleine Schwerenöter dann immer auf meiner Seite des Tischs. So auch heute.

„Warum ist das wohl so?", merkte meine Frau lächelnd an, „weil du eben kleckerst, und bei dir immer etwas runter fällt."

„Das stimmt doch gar nicht!", erwiderte ich empört. „Oder, na gut, eigentlich doch, wenn ich ehrlich bin ...", ergänzte ich leicht beschämt.

Heute gab es die gute Nudeln mit Pesto. Klein-Sandy war natürlich von dieser italienischen Spezialität auch ganz angetan, keine Frage! Und so wurde der Transport der Nudelschüssel von der Küche bis zum Couchtisch von ihr mit wachem Auge eskortiert, in der Hoffnung, dass sich diese eine Nudel, die da seitlich herunter hing, doch endlich selbstständig machen würde.

So folgte Sandy mit gebannten Blick dem verlockenden Gehänge. „Komm schon, fall endlich runter!", mag sie sich wohl gedacht haben und stieß innerlich ein paar Stoßgebete Richtung Hundehimmel aus. Indes, alles Beschwören half nichts, die Nudeln kamen vollzählig am Tisch an, Pech für den kleinen Hund.

Jedoch sollte sie dennoch nicht leer ausgehen, da natürlich aus Unachtsamkeit die ein oder andere Nudel während des Essens herunterfiel. *Wem* diese Missgeschicke passierten, brauche ich wohl nicht extra zu erwähnen – klar, mir natürlich, wie immer, so was von peinlich aber auch!

„Super, es regnet Spaghetti!", dachte sich Sandy und schnellte wie der Blitz auf die geliebte Nudelspeise zu, die sich durch meine Ungeschicklichkeit jetzt auf dem Boden befand. Tja, essen sollte man halt können!

„Hab' sie!", triumphierte der kleine Hund, während sie die Nudel mit ihren spitzen Zähnen angelte und anschließend richtig gut schmecken ließ. Indes hielt der Geschmack nicht allzu lang an, da sie – wie immer eben – die Nudel in einem Schluck herunter geschlungen hatte. Schwupp – weg war sie.

„Aaaah, das hat geschmeckt!" Zufrieden leckte sie sich ihre kleine Schnauze.

„Aber oha!" Sie entdeckte offenbar noch eine weitere Nudel, die sich allerdings weit unter dem Sofa befand. „Herrchen hat wieder mal gekleckert!", dachte sie bei sich und machte sich daran, auch Nudel Nummer Zwei zu erbeuten. „Dazu muss ich zwar ganz unters Sofa kriechen, aber was soll's, die Nudel ist es allemal wert!" Gesagt, getan, schon kroch der kleine Racker beherzt mit seinem ganzen Körper unter das Sofa, bis nur noch der Schwanz rausschaute.

„Die pure Gier!", dachte ich schmunzelnd bei mir, als ich dieses ulkige Schauspiel betrachtete. Hier bewahrheitete sich wieder einmal aufs Neue der Spruch vom Einsparen eines Staubsaugers.

Doch dem nicht genug. Angesichts des leckeren Vorgeschmacks der beiden Spaghettis drängte es dem Hund nach mehr. Unversehens wurde ihr Hals lang und immer länger, und ihre kleine Knopfnase erschien urplötzlich auf Höhe der Tischkante, den intensiven Geruch der Nudelspeise begierig inhalierend. Zum Zwecke weiterer Untersuchungen stellte sie sich dann auch noch auf ihre Hinterbeine und ließ ihre Kulleraugen frech über den Tisch kreisen, um zu sondieren, was da wohl noch da wäre von der leckeren Pasta-Mahlzeit.

„Na, so geht's aber nicht!", sagte ich verärgert und verwies den kleinen Hund auf den ihm angestammten Platz. Etwas, was ich wohl gleich von Beginn an hätte tun sollen. Da saß sie nun, Misses Sandy, zwar mit gebührendem Abstand, aber mit dem gleichen Heißhunger wie zuvor. Und wie immer setzte sie ihre Geheimwaffe ein, jenen magischen Hypnotisierblick, der mir sagen wollte: „Na komm – lass noch mal was herunterfallen …" So ein frecher Kerl aber auch!

Und natürlich fiel ich prompt darauf herein. Ich war eben schwach, was soll's. Ich gab ihr das O.K., zu mir an den Tisch zu kommen, und das, was ich im Nachhinein als das „Nudelspiel" bezeichnen würde, nahm seinen Lauf.

Eine Nudel nach der anderen wurde von mir in kunstvoll kreisenden Bewegungen vor ihrer Stupsnase jongliert, jedoch nicht lange, denn sie hatte rasch mit viel Geschick Nudel um Nudel erlegt. Sie vollführte dabei einen wahren „Nudeltanz". Einige Nudeln landeten auch auf ihrem Pelz, lustig, sie merkte das zunächst nicht, aber bald waren auch die entdeckt und weggeputzt. Mir fiel bei dem komischen Schauspiel spontan eine Abänderung des alten Volkslieds ein: „Kommt eine Nudel geflogen ..."

Unheimlich spaßig das Ganze, aber unter dem Gesichtspunkt einer konsequenten Hundeerziehung natürlich ganz und gar nicht in Ordnung! Da hatte ich mich wahrlich nicht mit Ruhm bekleckert; das Ganze ist in der Tat nicht zur Nachahmung empfohlen. Aber ich war (und bin es noch) manchmal ein Schelm, da kann man einfach nichts machen.

Sandy, der Schweinebraten-Dieb

Sonntag ist jener Tag, wo auch im Hause Schmidt immer etwas Besonderes auf den Tisch kommt, ganz der alten Tradition des sprichwörtlichen „Sonntagsbratens" folgend.

Die Geschichte begann an einem dieser winterlichen Wochenenden im Dezember, an dem meine Frau

einen deftigen, bayrischen Schweinebraten als Abend-
essen zubereitet hatte. Wie gut der roch und uns beiden mundete! Natürlich umkreiste Sandy wie magisch
angezogen unseren Couchtisch, auf dem der wohlriechende Braten stand.

„Mensch, duftet das lecker!", konnte ich ihrem be-
gierigen Hundeblick entnehmen.

Kein Wunder, zogen doch die wohl riechenden
Dämpfe des Schweinebratens vehement durch die
kleinen Nasenlöcher des Hundes, bis sie schließlich
hoch droben in seinem kleinen Hundehirn ankamen
und aufgeregt meldeten: „Hey, leckerer Schweinbra-
ten!" Sandys obligatorisches „Sich-über-die-Schnauze-
lecken", wie es sich bei wohlriechenden Düften unweigerlich einzustellen pflegt, folgte natürlich sogleich
auf dem Fuße. Doch zu ihrem Bedauern gab es nichts
für die kleine Sandy, sondern nur etwas für die beiden
großen Zweibeiner.

„So ein Mist!", grollte der kleine Hund sichtlich verärgert.

Da meine Frau mehr Braten gemacht hatte als wir
essen konnten, blieben noch zwei große Stücke übrig,
die ich am nächsten Tag verspeisen wollte. Doch aus
dem geplanten Mahl am nächsten Tag sollte nichts
werden. Die Geschichte lief nämlich ganz anders ab
als geplant.

Hundemüde, wie wir beide nach dem ausgiebigen
Mahl waren, ließen wir einfach den Braten nebst
Spätzle und Soße auf dem Couchtisch stehen. Warum
die Mühe machen, wenn ich am nächsten Tag gleich

nach dem Aufstehen sowieso den restlichen Braten essen würde. Quasi als Schweinebraten-Brunch. So hatte ich mir das jedenfalls gedacht.

Na, jedenfalls, am nächsten Morgen – meine Frau war schon lange in die Arbeit gegangen – entschloss ich mich, nach dem obligatorischen Gassi-Gang mit der kleinen Sandy ganz kurz zu duschen. Mir nichts dabei denkend, ließ ich Klein-Sandy im Wohnzimmer verweilen. Nach etwa 15 Minuten des Duschens ging ich ebenfalls ins Wohnzimmer, um mir nun den leckeren Schweinebraten zum Brunch munden zu lassen. Bloß der war nicht mehr da, wo er eigentlich hätte sein sollen. Na so was!

„Na ja", dachte ich mir, „meine Frau hat den wahrscheinlich in den Kühlschrank oder in die Backröhre gestellt."

Die Inspektion beider Geräte blieb indes erfolglos. Sodann durchsuchte ich akribisch die ganze Küche, vielleicht hatte meine Frau den Schweinebraten ja woanders aufbewahrt. Doch nichts. Alle Suche blieb erfolglos. Ich ahnte bereits das Schlimmste, rief aber zur Sicherheit meine Frau nochmals in ihrer Arbeitsstelle an. Da erhielt ich, gepaart mit einem Lachen von ihr, die Bestätigung: Der gute Braten sollte da sein, wo er jetzt eben nicht mehr war: auf dem Couchtisch. Dort befand sich nur noch ein einsamer, leerer Teller.

Im Gedanken malte ich mir den Vorgang aus, wie er vermutlich abgelaufen sein musste. Der kleine Hund hatte wohl dem höchst intensiven Geruch des Bratens nach einer Weile nicht mehr widerstehen können, war flugs auf die Couch gesprungen und hatte dann ganz in der Manier der Menschen den Schweinebraten vom Teller gefressen.

„Schon lange niemand gesehen, dann hole ich mir jetzt einfach den leckeren Braten!", mag sie sich wohl gedacht haben, sicherlich nicht ohne einen Hauch von Gewissensbissen dabei zu haben.

So landete also der Braten anstatt in meinem Magen im Bauch des vermaledeiten Hundes. So ein Ärger aber auch! Zu alledem schaute Sandy ganz unschuldig drein, als ob rein gar nichts gewesen wäre. Die Unschuld in Person! Not very British, meine kleine Dame!

„Du blödes, verfressenes Hundsvieh!", dachte ich bei mir, indes hatte die Geschichte etwas Urkomisches, von daher nahm ich es dann doch relativ cool. Außerdem hatte ich ja meine Portion Schweinebraten bereits am gestrigen Abend schon gehabt, also, was soll's.

Und großartig schimpfen würde jetzt auch nichts mehr helfen, sie würde den Anpfiff sowieso nicht mehr in Zusammenhang mit ihrem Schweinebraten-Diebstahl bringen. Was hatte ich daraus gelernt: Essen immer außer Reichweite des Hundes wegstellen! Ganz dem biblischen Satz folgend: „Und führe mich nicht in Versuchung …"

ZWANZIG

Urlaub auf Wangerooge –
Erholung ist eine Insel!

Es sind wohl die besonderen Momente in einem Leben, die das irdische Dasein aus seiner Mittelmäßigkeit zu entreißen vermögen. Jene Momente, die dem Menschen das segensreiche Gefühl vermitteln, auch wirklich *gelebt* zu haben und nicht nur das alltägliche tagein, tagaus in einigermaßen zufriedenstellender Weise absolviert zu haben.

Ein solch besonderer Moment ist für uns, Mensch wie Hund gleichermaßen, ein Urlaub auf unserer Lieblings-Nordseeinsel Wangerooge. Labsal für die Seele und zugleich Auszeit aus unserem stressgeplagten Alltagsleben. Und jedes Mal, immer um die Zeit von Mitte Juli bis Ende August, wenn die heißesten Tage des Sommers angebrochen sind, packt uns die Sehnsucht nach dem hohen Norden und dem weiten Meer.

Und dieses Jahr war es wieder soweit. Ich zählte bereits ungeduldig die Wochen, Tage und Stunden, bis wir endlich wieder unser Badezeug einpacken konnten und uns auf die lange Autofahrt Richtung Ostfriesland machten.

Der weite Weg hoch an die Nordsee führte uns quer durch ganz Deutschland und war mühevoll und anstrengend zugleich, lagen doch mindestens acht bis zehn Stunden Autofahrt vor uns. Doch mit der notwendigen Abwechslung am Steuer und regelmäßigen Pausen gestaltete sich die Tortur etwas erträglicher, und angesichts dessen, was uns am Ende unserer Reise erwarten würde, fiel uns die Fahrt schon deutlich leichter.

Unsere kleine Sandy meisterte die mehrstündige Fahrt wie immer absolut klaglos, kein Wunder, zählt Autofahren doch zu einer ihrer Leidenschaften. So widmete sie sich während der Fahrt lange Zeit einer eingehenden Betrachtung der vorbeiziehenden Landschaft, in der sich Berge, Täler, Flüsse und Städte abwechselten, um alsbald in einen seligen Schlaf auf ihrem geliebten Schmusefell zu fallen.

Unser Weg führte zunächst über Ingolstadt, Nürnberg in Richtung Kassel. Schon bald verließen wir die bayrischen Gefilde und ließen Frankfurt am Main, die hessische Bankenmetropole, linker Hand liegen. Angekommen in Kassel war bereits die Hälfte der Strecke geschafft. Zeit, eine Pause einzulegen, etwas zu vespern und dem kleinen Hund auf der Raststätte „Kassel Ost" die Möglichkeit zu geben, sich zu erleichtern und etwas Bewegung zu verschaffen.

„Wie weit ist es denn noch?", sah der kleine Hund mich fragend und mit verschlafenen Augen an.

„Wir haben etwa die Hälfte geschafft", gab ich bekannt, bezweifelte aber, ob Sandy den tieferen Sinn meiner Worte auch wirklich verstanden hatte.

Nach einer ausgiebigen Rast ging es auch sogleich weiter, wir ließen Hessen hinter uns und fuhren über die monumentale Werratalbrücke, der alsbald rechter Hand die Universitätsstadt Göttingen folgen sollte – Niedersachsen wir kommen! Bald schon erreichten wir Hildesheim, wo es links ab Richtung Osnabrück geht, dort wo mein Freund Heinz und zugleich auch ein Kumpel der kleinen Sandy wohnt, der Mischlingsrüde Robby.

Doch heute führte uns der Weg zielstrebig weiter Richtung Norden, und nach einem kurzen Stopp in Höhe von Hannover, einer Pinkelpause für Herrchen und Hund, ging es langsam dem Ende der Fahrt zu, wir bewegten uns zielstrebig in Richtung Bremen. Die Landschaft wurde deutlich flacher als wir es aus unserem Bajuwarenland gewohnt waren. Nur noch wenige Kilometer trennten uns von jenem unendlich weiten Blau, genannt Nordsee, die für die nächsten zwei Wochen unsere Heimat werden sollte.

In Richtung Wilhelmshaven fahrend, bogen wir kurz vor Jever (die Stadt mit dem berühmten Bier) in Richtung Carolinensiel ein und folgten dem Verkehrsschild, auf dem das Ziel unserer Träume schon geschrieben stand: Wangerooge! Geschafft, endlich! Eine 900 Kilometer lange Autofahrt lag hinter uns. Wir kamen in Harlesiel an, wo wir unser Auto auf einem bewachten Parkplatz abstellten und uns in Richtung Fähre aufmachten. So, jetzt noch schnell die Tickets gekauft und die Koffer aufgegeben, dann konnte es auch gleich mit der nächsten Fähre losgehen.

Das Einstimmen auf Wangerooge beginnt bereits bei der Überfahrt mit dem Fährboot. Die Überfahrt ist abhängig von den Gezeiten und ist nur bei Hochwasser möglich. Sie führt von Harlesiel aus ins Wattenmeer hin zum Harlegat, der Durchfahrt zwischen den beiden Inseln Wangerooge und Spiekeroog. Knapp 45 Minuten dauerte die acht Kilometer lange Überfahrt auf der Fähre nach Wangerooge und schenkte einer Landratte wie mir jedes Mal unwiederbringliche Erlebnisse.

Begleitet wurde unsere Fahrt von einer Vielzahl von Seevögeln, als da wären die Austernfischer, die als inoffizielles Maskottchen von Wangerooge gelten, jedoch allen voran die Möwen, die das Schiff wie ein unsichtbarer Magnet anzuziehen schien. Die komisch weißen und kreischenden Vögel fanden auch sogleich die ungeteilte Aufmerksamkeit unserer Sandy, die unablässig ihren kleinen Hundkopf in Richtung Himmel streckte.

„Freche Viecher!", empörte sie sich, und so ließen die obligatorischen Beller natürlich nicht lange auf sich warten, musste sie doch den weißen Flattermännern da oben klar machen, wer hier Chef an Bord ist. Die scherten sich indes überhaupt nicht um das lärmende kleine Monster, wohl wissend, dass die Schwerkraft ein Erhaschen ihresgleichen unmöglich machte.

Zum Glück hatte ich meines Vaters altes Fernglas, den guten Zeiss-Feldstecher, mitgenommen, so konnte ich die Robben auf den Robbenbänken zum Greifen nah betrachten, was für ein wunderbares Schauspiel der Natur! Oder waren das am Ende etwa Seehunde? Soweit reichte mein Wissen in Biologie leider nicht, indes war mir das im Moment auch nicht so wichtig.

Angekommen auf dem Wangerooger Westanleger erwartete uns, ähnlich wie in einst Kinderzeiten, eine spannende Fahrt in einer Schmalspurbahn. Jene Wangerooger Inselbahn benötigt für die drei Kilometer Strecke bis zum Dorfbahnhof Wangerooge etwa 15 Minuten. Und das waren für mich wahrlich lange 15 Minuten! Ich konnte es kaum noch erwarten, bis wir endlich in unserem Ziel angekommen waren.

Wangerooge ist seines Zeichen mit einer Größe von 4,7 Quadratkilometern die am östlichsten gelegene Insel der sieben bewohnten Ostfriesischen Inseln in der Nordsee. Durch das gemäßigte, vom Golfstrom beeinflusste Seeklima und der salz- und jodhaltigen Seeluft ist die Insel wie geschaffen für Menschen mit Atemwegserkrankungen, Allergien und Herz-/Kreislaufstörungen. Kilometerlange Sandstrände sowie das bei Ebbe trocken liegende Wattenmeer laden zu ausgiebigen Wattspaziergängen ein. Die Aussicht darauf bereitete uns schon jetzt große Freude.

Besonders anerkennenswert ist die Tatsache, dass man auf der Insel ein harmonisches Nebeneinader von Mensch und Hund befürwortet. Zwar existieren deutliche Regeln und Einschränkungen, die aber für Klarheit im täglichen Miteinander sorgen, und das ist gut so! So zeugt ein extra angelegter Hundestrand auf der Insel für ein klares „Ja" zum Thema „Hund". Doch der Reihe nach.

Sandy grüßt Wangerooge!

Angekommen am örtlichen Dorfbahnhof, erwartet den Besucher nicht der übliche Luxus eines Taxis, welches das Gepäck und den Reisenden auf bequeme Weise zur Unterkunft befördert. Nein, hier herrscht zum Glück fast völlige Autofreiheit, was man sofort an der reinen Luft bemerkt. Als Transportmittel für das Gepäck stehen sog. „Bollerwagen" bereit, eben jene vierrädrigen Leiterwägen, wie man sie aus seiner Kindheit noch kennt (zumindest die Älteren von uns).

So ging es also auf dem Weg zu unserer Unterkunft mit dem Bollerwagen voll schwerem Gepäck an der einen Hand und dem Hund an der Leine an der anderen Hand rumpelnd auf dem groben Bordsteinpflaster die Zedeliusstraße hoch. Vorbei am alten Leuchtturm von Wangerooge, der inzwischen als Standesamt fungiert und wohl schon so manchem Paar einen glücklichen Start ins neue Eheleben beschert hatte. Nebenbei erwähnt: Ein kleines Geheimnis ist, dass jeder der Nordsee-Leuchttürme seine eigene Musterung hat, so erstrahlt dieser hier in schlichtem Rot mit einer weißen Spitze.

Weiter ging es auf der Zedeliusstraße, vorbei an Andenkenläden und Modeboutiquen. Alsbald ging die Straße in eine leichte Steigung über, was, besonders bei der unerbittlich herunter brennenden Sonne, erste Schweißperlen auf meine Stirn trieb. Wahrlich, sonderlich entspannt fing der Urlaub auf Wangerooge nicht gerade an. Doch schon bald war das inoffizielle Wahrzeichen von Wangerooge in Sichtweite, das in Form eines Ufos gebaute Café Pudding, und kündigte an, dass wir in Kürze unser Ziel erreicht hatten, jenes kleine Ferienhaus in Strandnähe.

Es dauerte nicht lange, bis sich auch schon die erste Urlaubsstimmung angesichts der bestandenen Hürden eingestellt hatte. Angekommen in unserem Domizil unweit des Strandes spürten wir auch sofort die wohltuende Meeresbrise zu uns herüberwehen und unsere Nasen mit frischer Seeluft füllen.

Die kleine Sandy war schon nicht mehr zu halten, wusste sie doch um der Nähe des Hundestrands, und so machten wir uns auch sofort auf den Weg, ausgerüstet mit den üblichen Begleitmaterialien zur Entsorgung eventueller Häufchen, um bei einem kurzen Strandlauf unsere Füße und ihre Pfoten dem wohltuenden Sand und dem erfrischenden Meerwasser auszusetzen.

Schon bald, nach ein paar Meter des Flanierens am Hundestrand, waren wir nun auch innerlich auf Wangerooge angekommen und entspannte zwei Wochen Urlaub konnten beginnen!

„Gott schuf die Insel, von Eile hat er nichts gesagt!"
Kaum treffender könnte dieser, inzwischen zum Leit-
motto der Insel gewordene Spruch sein, den Willy
Boberg, seines Zeichens Wangerooges Gemeindedi-
rektor in den 60er Jahren, in luftiger Höhe an einem
Hafengebäude hatte anbringen lassen. Und wie Recht
der gute Mann doch hatte! Wie jedes Mal nutzten wir
die kurze Zeit auf der Insel, um abseits von Autolärm,
Abgasgestank und dem täglichen Stress innerlich drei
Gänge zurückschalten; das unendlich weite Meer mit
seinen Gezeiten sollte ab sofort unseren Lebens-
rhythmus bestimmen.

All das, was uns ansonsten so unheimlich wichtig zu
erscheinen vermochte, einfach einmal außen vor zu
lassen, das sollte unsere Devise für die nächsten zwei
Wochen sein. Ganz bewusst auf uns selbst und auf die
uns umgebende Natur zu besinnen, eine Auszeit für
die vom Alltag erschöpfte Seele zu nehmen und neue
Kräfte und Energien zu sammeln, darauf kam es uns
letztlich an.

Es dauerte nicht lange, bis die Uhr begann, sich
langsamer zu drehen, dem behutsamen Tempo der
Insel sich angleichend. Und schon bald passte sich
auch der Herzschlag dieser angenehmen Langsamkeit
an, ein zufriedenes Gefühl erfasste den ganzen Körper
und wir begannen, eins mit der uns umgebenden
Natur zu werden. In solchen Momenten beginnt das
Leben, und ich meine das *wahre* Leben!

Weit weg von den Krankheiten der modernen Zivilisation lebt man hier in einer abgeschiedenen Oase der

Ruhe und bekommt dadurch ausreichend Zeit und Gelegenheit, sich Gedanken über sich selbst und sein eigenes Leben zu machen. Man wird sich bewusst, dass alles vergänglich ist und uns auf dieser Erde nur eine begrenzte Zeit gegeben wird, die wir in sinnvoller Weise nutzen sollten.

Man fragt sich zu Recht, was in diesem Kontext all diese sinnlosen Rituale überhaupt für einen Sinn machen, jenes zwanghaft gewordene Verlangen nach noch mehr Geld und Statussymbolen sowie die absurde Besessenheit nach Karriere, Ruhm und Anerkennung.

Warum geben wir eigentlich nicht den Zeitkillern in Form moderner Massenmedien bewusst einen Laufpass, so sehr man auch versucht uns einzureden, dass wir ohne sie nicht mehr auskommen würden?

Warum sagen wir uns eigentlich nicht los von all den sinnleeren Massenkommunikationsmitteln, die eine Korrespondenz meist auf 160 Zeichen beschränken oder in inflationärer Weise elektronische Belanglosigkeit verheißen?

Und warum befreien wir uns nicht von dem gesellschaftlichen Zwang der ständigen und allgegenwärtigen Erreichbarkeit, den diese moderne Welt mit ihren Mobiltelefonen und Handys hervorgebracht hat? Auch wenn es der ein oder andere nicht glauben mag, man kann auch *ohne* so ein Klingelding leben!

In der Konsequenz bedeutet das: einfach nur leben, mit dem, was an Phantasie und Schöpfungskraft in uns steckt und was wir vermögen, aus unseren Ideen,

Gedanken und Gefühlen zu erschaffen. Zeit für das Wesentliche zu entwickeln, und unnötige Bremsklötze von uns zu werfen. Zeit, unser inneres Zentrum, unser Selbst, zu finden. „Sein" statt „Haben", wie es einst Erich Fromm ganz treffend lehrte.

Das mag sich für einen modernen Menschen anhören wie ein Rückfall in die Steinzeit. Indes bezeichne ich mich ganz bewusst und nicht ohne einen Funken Selbstironie in letzter Zeit als Dinosaurier in dieser ach so modernen und schönen, neuen Welt. Ein Verweigerer in der technisierten Zukunft, verdammt zum Aussterben, genau wie es den Dinosauriern einst erging. Vielleicht so etwas wie der letzte Hippie im Zeitalter des Internets.

Faktisch mögen meine Gedanken ein Aussteigen, eine Flucht oder gar eine Verweigerung bedeuten. Vielleicht sogar eine Flucht vor der Zukunft, mit einem Hauch von Resignation. Mag sein, in jedem Fall aber eine gezielte Entscheidung, sich nicht dem unsäglichen Ränkespiel des modernen Lebens hinzugeben, das mittlerweile durch eine zunehmende Ellenbogenmentalität und einem absurden Konsumzwang geprägt wird, mit den modernen Massenmedien und Massenkommunikationsmitteln als neue (Un-)Heilsbringer. Gleichsam eine bewusste Entscheidung hin zu mehr Achtung des Menschen und der Natur sowie ein Bekenntnis zu mehr sozialer Verantwortung.

„Nutze die Zeit, denn es ist schon später, als du denkst!" Von wem anderes als dem bereits erwähnten Willy Boberg könnte dieser sinnige Spruch stammen, der dem Insulaner, sei es nun Einheimischer oder Gast, ermahnen soll, das Hier und Jetzt, eben jeden Augenblick seines endlichen Lebens intensiv zu erfahren, zu genießen und zu leben. Denn gerade wegen des Wissens um unsere eigene Vergänglichkeit und um die begrenzte Zeit, die uns im Hier und Jetzt verbleibt, sollten wir jeden Tag als unendlich wertvoll und einzigartig ansehen und ihn auch entsprechend sinnvoll nutzen.

Und bei dem bewussten Entschluss, ein Leben in Einklang der Natur zu führen, ist gerade der Hund ein idealer Begleiter, ist in ihm doch, selbst nach Jahrhunderten der Züchtung, noch immer ein Stück dieser ursprünglichen Natur erhalten geblieben.

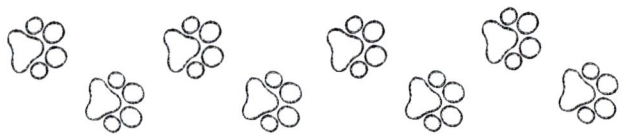

Über diese zwei Wochen an der weiten Nordsee lässt sich natürlich so gar manches erzählen.

So führte mich jeden Morgen der allererste Weg mit meiner kleinen Sandy hinunter zu dem von ihr so heiß und innig geliebten Hundestrand. Dort konnte sie nach Herzenslust herumtollen und ein erfrischendes Bad im Meer nehmen.

Da dieser morgendliche Ausflug für sie einen extrem hohen Spaß- und Abenteuerfaktor besaß, drangsalierte sie mich bereits bei den ersten auftauchenden Sonnenstrahlen, während ich immer noch meinem wohlverdienten Schlaf des Gerechten frönte. Um mich zum Aufstehen zu bewegen, stupste mich die kleine Schwerenöterin mit ihrer nassen Schnauze ganz vorsichtig an, solange ich noch im Bett lag.

„Raus aus den Federn!", bedeutete ihr fordernder Blick, und ich bewegte mich langsam aus dem angenehmen Nachtlager heraus, wusste ich doch nur zu genau, dass ein Ignorieren nur weitere Penetrationen meiner kleinen Hündin zur Folge haben würde.

„O.K., ist ja gut, ich komm' ja schon!", gab ich ihr zu verstehen und quälte mich langsam aus dem Bett heraus.

Nach einer kurzen Katzenwäsche schlüpfte ich schnell in Badehose und T-Shirt, packte ein Handtuch und die obligatorischen Hunde-Utensilien ein und verpasste der ungeduldig umhertippelnden Hundedame ihr Halsband. So ausgerüstet konnte es losgehen in Richtung Hundestrand zum ersehnten allmorgendlichen Strandspaziergang inklusive Bad in der Nordsee. Wobei „Bad" bei ihr bedeutete, dass sie maximal bis zu ihren kleinen Füßchen tief ins Wasser ging, weiter war bei ihr nicht drin.

Platsch, platsch, platsch – hoch vergnügt hüpfte sie über die anströmenden Wellen und setzte zu einem kurzen Spurt im Wasser an.

Währenddessen watete ich durch das erfrischend kühle Nass, war das doch die allerbeste Methode, morgens in Schwung zu kommen. Ich lief hinaus bis zu einem Punkt, an dem das Wasser mir bereits über die

Kniekehlen ging und spürte dabei die bemerkenswerte Kraft des Meeres, die alles in sich verschlingen mochte, wenn man sich ihr nicht entgegen stellen würde. Die Flex-Leine, die ein zuverlässiges Band zwischen meiner kleinen Hündin und mir war, hatte sich inzwischen bis zu ihrer vollen Länge aufgespannt, denn Klein-Sandy verspürte überhaupt kein Lust, mir in diese tiefen Regionen nachzufolgen.

„Na komm, Sandy, komm schon!", versuchte ich sie zu ermuntern, „brauchst nur mit deinen kleinen Füßchen zu paddeln. Ganz einfach!"

Indes waren all meine Bemühungen, sie zum Schwimmen zu bewegen, absolut vergebens. Sie wollte eben partout nicht und damit basta! Ab einer gewissen Wassertiefe war bei ihr einfach Feierabend.

Hey Großer, was machst du denn so weit da draußen?

„Bis hierher und nicht weiter!", machte sie mir mit lautem Bellen eindringlich klar, und solange ich mich in diesen für sie nicht akzeptablen Wassertiefen bewegte, steigerte sich ihr Protestgebell in zunehmenden Maße weiter.

Bevor es zum drohenden Volksauflauf ob des lauten Gebells so früh am Morgen kommen würde, kehrte ich dann doch lieber wieder um, zurück zu ihr, was sie sofort sichtlich freundlicher stimmte.

„Hey, ich habe dich wieder!", meldeten ihre erfreuten Kulleraugen und das aufgeregte Gebell nahm zum Glück abrupt sein Ende.

„Also los, lass uns den Strand entlang schlendern", forderte ich sie auf und musste das wahrlich nicht zweimal sagen, denn sie liebte Strandspaziergänge über alles. So begann unsere Promenade im knietiefen Wasser den Hundestrand entlang, stets umgeben von der erfrischenden Seeluft. Ah, tat das gut! Hochinteressant zu sehen, was die Wellen über Nacht wieder an den Strand getragen hatten. Jede Menge Muscheln, Krabben, Seegras und undefinierbare Dinge, die das Meer über Nacht so alles ausgespuckt hatte. Mit ein bisschen Glück würde im Spülsaum des Strandes ein Stück Bernstein zu finden sein, mal sehen.

Und natürlich blieb ein Aufeinandertreffen mit den „üblichen Verdächtigen" nicht aus, eben jenen Hunden und Hundebesitzern, die sich just zu dieser Zeit auf den morgendlichen Weg machten. Wir trafen die etwas in die Jahre gekommene Hundedame Lori, ein absolut friedliches Golden Retriever-Weibchen, das sich von den herannahenden Wellen des Meeres sichtlich angezogen fühlte und beim Herumtollen im Wasser ihre verlorene Jugend wieder zu entdecken schien. Da sich Lori mehr für das Wasser als für Sandy interessierte, fiel die sonst übliche Hundebegrüßung äußerst spärlich aus.

Wenige Meter weiter trafen wir auf einen schwarzen Cockerspaniel, der die sportlichen Ambitionen seines Frauchens wohl oder übel teilen musste, der bemitleidenswerte Kerl! Während sich Frauchen im zügigen Dauerlauf den Strand entlang bewegte, trabte der Cockerspaniel missmutig am Gängelband der Leine hinterher und blieb dabei immer ein Stück hinter seinem Frauchen zurück. Dies aber wohl weniger aus körperlicher Erschöpfung, sondern offensichtlich aus Verdruss über diese andauernde Rennerei, die aus seiner persönlichen Sicht wohl absolut sinnlos war. So blieb er denn hin und wieder kurz stehen, um zu signalisieren: „Ich habe absolut keinen Bock auf diesen Sport-Stress!" Gerne hätte er mit Sandy noch ein bisschen herumgetollt, doch ein Ruck an der Leine seines Frauchens zwang ihn zum Weiterlaufen, und so trabte er, allerdings immer noch mit sichtlich lustloser Miene, weiter seines Weges. „Ich muss leider der Alten da hinterher traben!", machte er Sandy klar, und die Wege der beiden Hunde trennten sich wieder.

Wir setzten unseren Spaziergang am Hundestrand entlang fort und trafen noch einige weitere Zwei- und Vierbeiner, die sich dort sichtlich vergnügten. Ja, hier war jede Menge Action angesagt.

Am Ende des Hundestrands angelangt, begannen wir den Rückmarsch zu unserem Ferienhaus. Hier nahm ich Sandy an die kurze Leine, denn wir passierten die ansehnliche Strandpromenade. Die Leinenpflicht ist Vorschrift hier auf der Insel und macht genauso Sinn wie die Verordnung, dass Hundehalter stets entsprechende Tüten zum sofortigen Entfernen von Hundekot dabei haben müssen. Das ist im Sinne eines problemlosen Nebeneinanders von Mensch und Tier auf dieser kleinen Insel absolut erforderlich und trifft auf meine volle Unterstützung.

Wieder in unserem Feriendomizil angekommen, war Sandy hundemüde von dem ausgiebigen Spaziergang. Schon bald versank sie in einen tiefen Schlaf, was jedoch nicht allzu lange anhielt, denn unverschämt gut riechende Düfte drangen in ihre feine Nase und rissen sie abrupt aus ihren Träumen.

„Italienische Pasta, eine meiner Lieblingsspeisen!", dachte sie sich und trat schnellen Schrittes den Gang in Richtung Kochnische unseres kleinen Ferienhauses an. Mit sehnsüchtigen Augen und mitleidiger Hundemiene beschwor sie zunächst meine Frau, dann die verlockend duftenden Nudeln selbst, dass doch da bitte schön etwas herunterfallen möge zu dem armen, völlig ausgehungerten Hund. Doch Pech gehabt, ihr Flehen erhielt von beiden keinerlei Erhörung. Vorsichtshalber graste sie aber dennoch den ganzen Boden in der Küche ab, es könnte ja doch zufällig etwas heruntergefallen sein. Die alter Leier, alles wie zuhause, „Business as usual". Aber warum sollte sich der Hund auch im Urlaub ändern?

Am Nachmittag dann stand ein längerer Spaziergang auf der Insel an. Auf das magische Wort „Gassi" reagierte Sandy wie immer mit ihrem gewohnten, lauten

Freudengebell und aufgeregtem Hin- und Hertippeln, das hier im Urlaub indes noch ein deutliches Stück intensiver ausfiel als sonst. Kein Wunder, verhieß ein solcher Spaziergang doch immer das Herumtollen am Hundestrand nebst einem längeren Ausflug auf der Insel, all das eingebettet in einen Hauch von angenehm frischer Meeresbrise. Beim Ritual des Halsband-Anlegens konnte sie ihre Anspannung kaum noch zurückhalten und begann vor Vorfreude am ganzen Körper zu zittern.

Nicht lange, ging es auch schon los. Bereits auf den ersten Metern wurde klar, dass den kleinen Hund „der Hafer sticht", will heißen, dass er einen unheimlich starken Drang nach schneller Bewegung hatte. Da kam der Hundestrand nun gerade recht! In wilder Hatz raste sie den sandigen Hundestrand auf und ab, gerade soweit, wie die Länge unserer Flex-Leine es eben zuließ. Wie mit einem Kamm durchzogen legte sich dabei ihr Fell in dem frischen Seewind aerodynamisch an ihren geschmeidigen Körper an. Doch irgendwann, als ihre Zunge schon deutlich Richtung Boden hing, hatte sie endlich genug von dieser Hetzjagd und ging in einen gemütlichen Trab über.

„Jetzt reicht's!", dachte sie sich vermutlich und widmete sich nun den hochinteressanten Geruchsorgien, die entlang des Hundestrands allenthalben zu finden waren. Wir setzten unseren Weg auf den Pfaden dieser kleinen Insel fort, die für den Hund jedes Mal ein ganz besonderes Gefühl von Abenteuer bedeuteten. Um uns herum immer das weite Meer, das uns ein weiteres

Mal klar machte, wie klein und unbedeutend der Mensch angesichts dieser allmächtigen Natur doch eigentlich ist.

Alsbald erreichten wir die Strandpromenade, wo eine Unzahl von hübschen Ständen und Büdchen aufgebaut waren – offenbar war gerade Flohmarkt. Wobei „Flohmarkt" vielleicht der falsche Ausdruck für dieses bunte Treiben war, der Begriff „Künstlermarkt" traf es wohl weitaus besser ob der oftmals in liebevoller Handarbeit hergestellten Objekte, die dort zum Verkauf standen.

Meine Frau wollte angesichts der für sie interessanten Kunstobjekte, die hier angeboten wurden, noch etwas verweilen, so beschlossen wir, dass ich mit dem Hund den Weg alleine weiter gehe und wir uns am späteren Nachmittag beim Café Pudding wieder treffen würden.

Gesagt, getan. So gingen wir, meine kleine Sheltie-Hündin und ich, noch eine gute halbe Stunde auf der Zedeliusstraße flanieren zwischen all den Modeboutiquen und Andenkenläden, wo ich ein kleines, aber feines Flugzeugmodell einer alten DC-3 Propellermaschine ergatterte. Das waren die Rosinenbomber, die seinerzeit die Luftbrücke nach Berlin flogen.

Mit diesem Schatz in der Tasche schlugen wir wieder den Weg in Richtung Hundestrand ein. Dort gönnten wir uns eine kleine Ruhepause. Es war heiß, die Sonne brannte erbarmungslos auf uns hinunter, es mag wohl an die dreißig Grad gehabt haben. Die richtige Zeit zum Verweilen.

Blick auf den Strand und die endlos weite Nordsee

Sandy im Strandkorb

Ich setzte mich auf eine kleine Bank, die durch einen nahe stehenden Baum mit angenehm kühlenden Schatten versorgt wurde. Sandy begann als Erstes, die neue Umgebung genauestens zu untersuchen, ließ sich aber alsbald zu meinen Füßen nieder, um sogleich in einen wohltuenden Hundeschlaf zu verfallen.

Vor uns lag das weite, blaue Meer, das unweigerlich eine Sehnsucht nach der Ferne in mir weckte. All die Länder, die da weit jenseits des blauen Horizonts lagen und die so unheimlich spannend und interessant sein mochten. Im Traum versunken ließ ich meine Gedanken gewähren und sie ungefiltert in die Ferne schweifen, und stellte dabei fest: Es ist wahr! Innere Ruhe macht durchlässig für reinigende Gedanken und heilsames Wohlbefinden. Innere Ruhe öffnet dem Menschen Augen und Ohren für eine andere Welt.

Nach einer Weile hatte Sandy genug vom Faulenzen und forderte mich unmissverständlich auf, dass sie nun gerne weitergehen wollte. Als zusätzliche Verstärkung ihrer Absicht folgte die Aufforderung „auf der Pfote", indem sie mit den Vorderpfoten zu mir hoch hüpfte.

„Hey, weiter geht es!" Als das nicht fruchtete, rannte sie wie von der Tarantel gestochen in wilden Kreisen um die Bank herum, begleitet von einem Bellkonzert der besonderen Art, hoch und durchdringend mahnend.

„Jetzt geht's aber endlich weiter, los jetzt! Ich mach jetzt solange einen auf Spinner, bis du dich endlich erhebst!"

Alsdann, dieser Aufforderung konnte ich natürlich nicht widerstehen, zumal ein Sturm heranzuziehen drohte. Zeit, sich auf dem Weg in Richtung Café Pudding zu machen, da sich Stürme hier an der Nordsee ziemlich rasch und heftig entwickeln können.

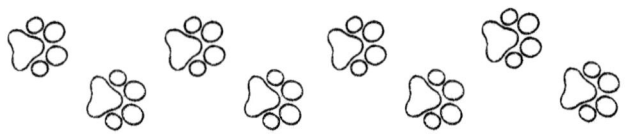

Doch wie immer geht auch der schönste Urlaub viel zu schnell zu Ende, so auch diesmal.

Der Abschied war voller Wehmut. Wie würden wir das alles schmerzlich vermissen: das tägliche Bad in der erfrischenden Nordsee und die langen Spaziergänge in den Dünen. Einfach bei geschlossenen Augen tief durchzuatmen, die wohltuende Brise zu spüren und die unendliche Weite der Nordsee vor Augen zu haben. Das beeindruckende Schauspiel, wenn die Stürme, von der Seeseite her kommend, die gewaltige Kraft der Wellen spüren lassen. Die wunderbar malerischen Sonnenuntergänge am Meer und die unzähligen Vogelschwärme, die einem bei den täglichen Strandgängen begleiteten. All die innere Ruhe, die unweigerlich von einem Insulaner Besitz ergreift.

Deshalb war eines sicher: Wangerooge, wir kommen wieder! Und wer weiß, vielleicht irgendwann, eines Tages, werden wir ja auch für immer hierbleiben.

EINUNDZWANZIG

Sandy und die Riesenschlange

Haare, Haare und immer wieder Haare! Geplagte Hundebesitzer können wahrlich ein Lied davon singen. Hundehaare besitzen die höchst unangenehme Eigenschaft, in jeden Winkel eines Raums förmlich hinein zu kriechen. Es ist nun einmal Fakt: Hunde haaren generell und ganz besonders während der Zeit des Fellwechsels. Es sei denn, man besitzt einen Hund aus einer besonders kurzhaarigen Rasse oder gar einen Nackthund, dann mag man unter Umständen davon verschont bleiben.

Von daher mein dringender Rat: Wer ein Problem damit hat, dass Wohnung, Auto und sonstige Örtlichkeiten, in denen sich der Hund regelmäßig aufhält, fast zwangsläufig Hundehaare zieren, der sollte von der Anschaffung eines Hundes absehen.

Man sollte sich indes nicht der Täuschung hingeben, dass kurzhaarige Hunde weniger Probleme mit ihren Haar-Nachlässen bedeuten. Im Gegenteil! Kurze Haare haben oftmals die höchst ungenehme Eigenschaft, sich in Stoffe förmlich hinein zu bohren. Noch heute, nachdem meine kleine Kurzhaar-Mischlingshündin Susi bereits acht Jahre tot ist, finden sich noch immer hartnäckig Haare im Innenleben unseres Autos. Die Dinger sind ums Verrecken nicht kleinzukriegen.

„Da hängen immer noch 100 Gramm Susi in den Teppichen!", pflegt meine Frau immer wieder mal zu lästern. Von diesem Gesichtspunkt aus besitzen lange Haare durchaus ihre Vorteile, sie lassen sich relativ einfach und nachhaltig entfernen.

Shelties besitzen fürwahr einen außergewöhnlich dichten und langen Pelz und haaren deshalb ziemlich stark, besonders während der Zeit des Fellwechsels. Aber zum Glück gibt es Mittel, dem wirksam beizukommen. Und hier kommt nun die von Sandy so gefürchtete „Riesenschlange" ins Spiel. Erfahrene Hundefreunde werden sicherlich schon längst erraten haben, worum es sich hier handelt: um nichts anderes als einen äußerst praktischen Haushaltshelfer, den guten, alten Staubsauger.

Und eben vor jenem unheilvoll brummenden Gerät hat Klein-Sandy einen maßlosen Respekt. Diese, in schöner Regelmäßigkeit auftauchende „Riesenschlange" mit ihrem dicken Bauch hinten dran ist ihr „Feind Nummer Eins" in heimischen Gefilden. Dieses unliebsame Vieh erscheint ihr absolut übermächtig und röhrt jedes Mal furchterregend laut durch ihr gesamtes Revier.

„Sie muss wohl mit Herrchen gut befreundet sein", schlussfolgert Sandy, „denn er führt sie regelmäßig durch das gesamte Haus."

„Bloß schnell abhauen, bevor die mir was antut!", denkt sie bei sich und ergreift auch sogleich blitzartig die Flucht nach vorn unter die Eckbank in unserem Erker, wo sie der Meinung ist, dass das gefährliche

Ding ihr hier nichts anhaben könne. Von dort aus, quasi aus sicherer Distanz, wird der ungeliebte Eindringling dann mit Vehemenz zusammen gebellt.

„Trau dich bloß nicht hier her, du blödes Vieh, sonst werde ich stinksauer!", warnt sie den lautstark dröhnenden Eindringling mit einem sichtlich drohenden Knurren.

Dem „blöden Vieh" juckt das Drohgebärde indes herzlich wenig – brumm, brumm, brumm zieht er wacker weiter seine Kreise.

So vermischen sich der ohrenbetäubende Lärm des Staubsaugers mit der Bellarie des kleinen Hundes zu einem höchst dissonanten Konzert, das mir als passioniertem Musiker die Ohren schmerzen lässt.

Doch das ist der kleinen Sandy im Augenblick so was von piepegal. Sie muss ihre Wut auf die Riesenschlange herauslassen und bellt deshalb munter weiter den Staubsauger nebst Staubsaugerpiloten in heftigster Weise an, während der gnadenlos jede Ecke ihres Reviers abfährt.

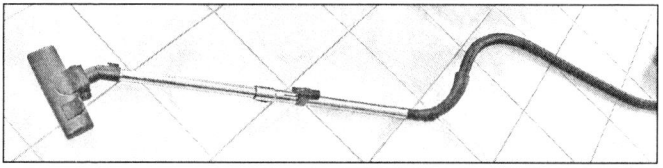

Sandys Qualen enden erst dann, wenn die Riesenschlange endlich wieder weggeräumt und der ungeliebte Eindringling außer Sichtweite ist.

ZWEIUNDZWANZIG

Animalisches

Immer dann, wenn der Frühling wieder ins Land zieht, entdeckt Sandy ihre Jagdleidenschaft für das Getier und Gewürm, das sich in unserem Haus und Garten aufzuhalten pflegt. Zu Insekten aller Art hat Sandy eine besondere Beziehung, mal dienen sie als Objekt zum Spielen, ein anderes Mal werden sie gejagt und genüsslich verzehrt.

Ich will nun nicht die komplette Insektenwelt abhandeln, aber exemplarisch einige Facetten aus Sandys abwechslungsreichen „Jagdleben" beschreiben.

Regenwürmer

Regenwürmer sind in Sandys Augen offenbar höchst geeignete Objekte, um sich darauf genüsslich herum zu wälzen.

Erst gestern fand Sandy auf der Terrasse einen aufgebrachten Regenwurm, der noch heftig zappelte, und dessen Eingeweide richtig unappetitlich heraushingen. Da war wohl jemand versehentlich auf den armen Kerl draufgelatscht. Sein Pech.

Aber was machte denn unsere Sandy da? Sie lief flugs hinaus auf die Terrasse, beschnupperte das noch zappelnde Gewürm und wälzte sich anschließend mit Wonne auf dem armen Wurm herum.

Ergebnis: Die ganzen Innereien des Wurms hingen in ihrem Fell. Lecker! Was für ein ekliges Gesabbere! Jetzt hieß es aber konsequent rauf in die Dusche und den Schmutzfink richtig abduschen, obwohl ihr das nun so rein gar nicht behagen mochte.

Fliegen

Mit den ersten Sonnenstrahlen des Frühlings finden sich gewöhnlich auch die ersten Fliegen in unserem Wohnzimmer ein.

Sandy ist eine begeisterte und äußerst trickreiche Fliegenfängerin. Sie jagt den geflügelten Insekten hinterher, und treibt sie systematisch in Richtung Terrassentüre, wohl wissend, dass die Insekten versuchen, nach draußen zu kommen, aber durch das Glas daran gehindert werden. Hat sie dann erfolgreich eine Fliege erlegt, wird diese anschließend genüsslich verspeist. Na Mahlzeit!

So wagten sich auch in diesem Jahr wieder die ersten geflügelten Brummer in unser Wohnzimmer, wo sie auch prompt von Sandy entdeckt wurde. Das Halali war geblasen, die Jagd konnte beginnen!

„Schnapp, schnapp" – übermütig versuchte Klein-Sandy die Insekten bereits im Flug zu erhaschen, was aber meist nicht von Erfolg gekrönt war.

„Nun denn", dachte sie sich, „dann jagen wir eben die Sumsedinger in Richtung Terrassentüre und holen sie uns dort!"

Gesagt, getan, schon hatte sie die Fliegen dort, wo sie sie haben wollte und versuchte nun, diese mit ihrer nassen Zunge an der Scheibe zu erwischen. Die machten ihr es jedoch nicht so einfach und flogen aufgeschreckt nach oben, woraufhin ein beherzter Sprung von Sandy gegen die Scheibe folgte, um sie am Ende doch noch zu erwischen.

Jedoch war wahrlich nicht jede Jagd von Erfolg gekrönt, und so musste Sandy den ein oder anderen bitteren Fehlschlag hinnehmen. Wie so oft waren die blöden Viecher wieder einmal außer Reichweite und wurden vehement von ihr zusammengebellt, mit der Hoffnung, dass diese wieder nach unten fliegen würden.

„Kommt doch runter von da oben!", hörte man aus Sandys lockendem Gebell heraus.

Indes, die Fliegen machten ihr meist leider nicht das Vergnügen. Das war letztendlich auch deutlich gesünder für deren Überleben.

Spinnen

Spinnen, was für ein lukullischer Hochgenuss für den kleinen Hund! Denn, so unglaublich es klingt, Sandy frisst Spinnen! Und das mit Wonne!

Erst kürzlich hatte sie so ein armes Tier entdeckt. Obwohl dieses noch versucht hatte, die sofortige Flucht anzutreten und geschickt zu entkommen, wurde sie von Sandy mittels eines beherzten Schlags mit der Vorderpfote erlegt. Zack, drauf und schwupp, schon hatte sie sie erwischt.

Danach wurde das zähe Spinnentier genüsslich im Maul zerknautscht, wobei die einzelnen Beinchen des

armen Viechs noch zwischen Sandys scharfen Reiß-
zähnen rausragten. Doch die kamen auch noch zur
Verspeisung dran. Ein Bein nach dem anderen wurde
von ihr genüsslich ins Maul gezogen und anschließend
mit Wonne verspeist.

Ein paar Tage später krabbelte wieder so ein bemit-
leidenswerter Sechsbeiner über unseren Wohnzim-
merboden. Sandy hatte ihn auch sogleich entdeckt und
leckte sich vor Vorfreude bereits aufgeregt die Zunge.
Doch irgendwie schien ihr dieses Exemplar dann doch
nicht geheuer zu sein, denn als sie es mit der Schnauze
erfassen wollte, zuckte sie erschrocken zurück. Im
nächsten Versuch ging sie deshalb vorsichtshalber
zuerst mal mit der Pfote ran. Was für ein belustigendes
Schauspiel! Aber diesmal hatte die kleine Sandy Pech.
Die Spinne war schneller und entwischte in eine sichere Ecke, dorthin, wo der Hund ihr nichts anhaben
konnte.

Sandys Leidenschaft für die Spinnenjagd wird im
Übrigen von meiner Frau bedingungslos gefördert, da
sie (meine Frau) Spinnen im Allgemeinen und speziell
in unserer Wohnung schon gar nicht haben kann.

„Huch, eine Spinne! Da, Sandy, fass und friss!",
animiert sie Sandy jedes Mal, in der Hoffnung, dass
unser Hund sie von dem lästigen Spinnentier befreit.

Ich persönlich habe rein gar nichts gegen diese acht-
beinigen Tierchen, kann allerdings die Reaktion meiner Frau schon ein Stück weit nachvollziehen, verspürt
der Mensch doch von Kindesbeinen an so etwas wie

ein Urangst vor jeder Art von Spinnentieren. Sie wirken fremd, unheimlich und bedrohlich zugleich.

Grillen und Käfer

Eines Sommertages hatte sich doch tatsächlich eine Grille durch die Terrassentür in unser Wohnzimmer verirrt. In der fälschlichen Annahme, dass es sich hierbei um eine kleine Spinnen-Zwischenmahlzeit handelt, stürzte sich Klein-Sandy sofort auf das Tier, zuckte aber sofort zurück, als die Grille lautstark zirpte und einen Riesen-Satz nach vorne machte.

„Hey, was ist denn das?", sah man Sandys äußerst verdutztem Hundegesicht an.

Das selbe Spiel noch mal, wieder kam dieses fremdartige Geräusch und wieder blieb ein höchst irritierter Hund zurück. Diesmal fiel der Satz noch größer aus, den die kleine Sandy vor Schreck nach rückwärts machte. Versuch Nummer Drei fiel schon deutlich vorsichtiger aus. Sie tastete sich mit ihrer Pfote langsam an das unbekannte Wesen heran. Und bekam natürlich wieder einen „gewischt", ähnlich wie bei einem Stromschlag.

„So was aber auch, das habe ich ja noch nie erlebt!", sagte sie sich und gab resigniert auf.

Ich erlöste schließlich das arme Insekt, indem ich es auf meine Hand nahm und in den Garten zurück beförderte.

Doch damit war die Geschichte nicht zu Ende. Die Grille musste wohl Sandys Jagdtrieb geweckt haben, denn zehn Minuten später fand ich die kläglichen

Überreste der Grille auf ihrem Beutefell im Wohn-zimmer herumliegen.

Wenig später kam zu allem Überfluss ein Käfer durch die Terrassentüre in unser Wohnzimmer her-eingewackelt.

„Aber hallo, dich kriege ich!", beschloss Klein-Sandy und tippelte schnurstracks dem Käfer hinterher. Von wildem Jagdeifer gepackt, versuchte sie, das flüchtende Insekt mit ihrer Pfote zu erwischen. Doch dem Käfer wurde es dann doch langsam zu bunt, und er verkroch sich flugs unter unserem Wohnzimmer-Regal.

„Und tschüss, du blöder Hund!", dachte der wohl bei sich. Das war's dann auch gewesen für Sandy. Sichtlich frustriert streckte sie ihre feuchte Nase unter das Regal und schnüffelte dem entgangenen Mahl hin-terher. Diesmal hatte sie mit Zitronen gehandelt; man kann eben nicht immer Glück haben. So spielt das Leben – manchmal gewinnt man, manchmal verliert man eben.

Sandy, der verhinderte Ameisenbär

Doch wahrlich nicht alle Insekten machen es dem Hund so einfach. Einige wissen sich deutlich und ef-fektiv zu wehren, wie die Geschichte belegen soll, die ich mit „Sandy, der verhinderte Ameisenbär" betiteln will.

Heute war einer dieser herrlich warmen Sommerta-ge, wie sie meist während der Zeit der „Hundstage" vorkommen. Sandy ging wieder einmal auf Entde-ckungsreise in unserem Garten und wurde auch

prompt fündig. Da hatte sich doch eine Horde Ameisen erlaubt, auf ihrem Territorium einen Haufen zu
errichten!

„Das geht natürlich schon mal gar nicht!", dachte
sich der kleine Hund und sah in den kleinen Krabbel-
tieren eine äußerst willkommene Bereicherung seiner
Speisekarte.

Im Stile eines Ameisenbärs machte sich die kleine
Sandy daran, die Ameisen mit ihrer Zunge aufzusau-
gen. Doch denkste! Die kleinen Dinger wussten sich
zu wehren, und zwar mit durchschlagendem Erfolg!

„Verflucht, beißt das!", stellte sie blitzartig fest. Auf
schmerzhafte Weise bekam sie das Sekret der Ameisen, jene brennende Ameisensäure, zu spüren. Wer
schon einmal das zweifelhafte Vergnügen hatte, der
weiß, wovon ich rede. Das beißt und brennt, und wie!
Mit zusammen gekniffenen Schwanz zog Klein-Sandy
ihren Rückzug an.

Die nächste Viertelstunde verging für sie damit, sich
ihre Wunden, die aus diesem misslungenem Abenteuer
hervorgegangen waren, zu lecken. Sie rieb ihre
Schnauze und die Pfoten auf unserem rauen Teppich
hin und her, um sich etwas Linderung von dem beißenden Schmerz zu verschaffen. Begleitet wurde dieses Schauspiel von lautstarkem Niesen, mit dem sie
sich immer wieder Luft verschaffen wollte.

Ich bin mir sicher, dieses Lehrstück vergisst Sandy
ihr Leben lang nicht mehr. Ameisen waren ab dem
Zeitpunkt für sie absolut tabu. Sie ist und bleibt eben
ein Hund und kein Ameisenbär.

DREIUNDZWANZIG

Sandy, die Geisterjägerin

Manches Mal geschehen in unserem Leben unerklärliche Dinge, deren Ursache meist für immer im Dunkeln verborgen bleibt. Jene, gleichermaßen geheimnisvolle und mystische Phänomene verleiten uns oftmals zu allerlei düsteren Spekulationen und schüren mitunter die mannigfaltigsten Ängste und Phobien in uns. Dass auch mir so etwas schon einmal passiert ist und welche Rolle meine Sheltie-Hündin dabei gespielt hat, davon will ich kurz erzählen.

Es war eine dieser lauen Sommernächte. Ich saß noch spät in der Nacht vor dem Fernseher, weil einer meiner geliebten 60er-Jahre-Thriller ausgestrahlt wurde, die ich für mein Leben gerne ansehe. Hitchcock lässt grüßen … Der Raum erschien gespensterhaft dunkel, außer dem Leuchten des Fernsehers erstrahlte keine andere Lichtquelle im Zimmer. Das Ganze hatte an sich schon etwas von einer unheimlich beklemmenden Atmosphäre und wurde durch die Spannung des Films noch zusätzlich intensiviert.

Dann passierte es. Urplötzlich sprang Sandy auf und rannte wie von der Tarantel gestochen in eine Ecke des Wohnzimmers und begann, die leere Ecke zunächst laut anzubellen, um danach in ein markerschütterndes Hundeheulen überzugehen.

Und ich kann versichern: In dieser Ecke war außer blanken Wänden absolut *nichts* vorzufinden! Nichts, nur nackte Wände, keine Fenster, kein Regal oder sonstige Gegenstände, die es wert gewesen wären, angebellt zu werden, schlicht und einfach nichts!

Hatte meine kleine Hündin etwa am Ende übersinnliche Fähigkeiten und konnte die Aura eines Geistes, der sich möglicherweise in der Ecke des Raumes aufhielt, mit ihren empfindsamen Sinnesorganen wahrnehmen? Mich schauderte. Wenn es denn so etwas wie Geister geben sollte, wäre es allemal denkbar.

Es gruselte mich etwas angesichts des Gedankens, dass ich unter Umständen nicht allein im Zimmer wäre und dass unsichtbare Mächte, wo immer sie auch herkommen mochten, unser Leben in irgendeiner Form beeinflussen würden.

Aber vermutlich würde es für diesen Vorfall eine ganz natürliche Erklärung geben, am Ende war es doch nur eine simple Stubenfliege, die ich im Dunkeln des Raumes nicht sehen konnte, die den scharfen Sinnesorganen meines kleinen Hundes jedoch nicht entgangen war.

Aber wer von uns kann das schon mit letzter Gewissheit sagen ... Diese rätselhaften Phänomene werden wohl trotz all unseres technischen Fortschrittglaubens, den wir gerne so hoch halten, immer ein Mysterium in unserer Welt bleiben. Dunkel, geheimnisvoll und unerforscht. Bis zu jenem Zeitpunkt eben, an dem wir die Schwelle des Lebens zum Tod übertreten, dann endlich erlangen wir die letzte Gewissheit.

VIERUNDZWANZIG

Herbstausflug

Noch war er zu spüren, jener behaglich warme Sommer, der in einem letzten Aufbäumen uns noch einen angenehmen Septembertag bescherte. Doch schon bald würde er seinen Abschied nehmen und dem besinnlichen Herbstwind gänzlich das Feld überlassen. Jener Herbstwind, dessen Duft wie ein Jungbrunnen für die Seele wirkt und der den herannahenden Herbst eindrucksvoll ankündigte. Ja, man konnte ihn buchstäblich *riechen*, diesen milden Duft des Herbstes, der die Blätter in eine faszinierende Farbenpracht für das Auge verwandelte. Ein Labsal für Mensch und Tier gleichermaßen.

Angesichts dessen beschloss ich, einen dieser wundervollen Herbstspaziergänge mit meiner kleinen Sandy zu unternehmen, die ihren eigenen Flair besitzen und die gleichzeitig einen ganz besonderen Reiz auf mich – und vermutlich auch auf den kleinen Hund – ausüben. Es sind eben jene besinnlichen Ausflüge im Herbst, die mir Zeit zum Nachdenken geben und mir dabei helfen, für einen kurzen Moment Abstand zu gewinnen von so manch vermeintlich wichtigen Problemen des grauen Alltags.

Ganz der Devise folgend: einfach einmal abschalten, die wohltuende Herbstluft spüren, den Herbst mit seinen wunderschönen Farben genießen, sich die Zeit zum Besinnen, Rückblicken und Nachdenken nehmen, einfach einen kurzen Moment *leben*.

„Hey, mein kleiner Freund, lass uns doch Gassi gehen und diesen wunderschönen Herbsttag draußen auf dem Feld genießen", munterte ich sie auf.

Beim Wort „Gassi" war Sandy wie immer nicht mehr zu halten und unterbrach auch sofort ihr geliebtes Sonnenbad auf der Terrasse. Gassi-Gehen mit Herrchen war natürlich wesentlich spannender. Das hatte eindeutig Priorität und machte jedes Mal einen Heidenspaß! Und wie immer war die Aufregung bei dem kleinen Racker wieder einmal riesengroß. Da sie es offenkundig nicht erwarten konnte, tänzelte sie aufgeregt um mich herum, wie immer natürlich garniert mit einem lauten Freudengebell. Da waren sie wieder, ihre altbekannten Kreise, die durch aufgeregte Wuffer eindrucksvoll untermalt wurden.

„Wann geht es denn nun endlich los!", versuchte sie mich auf diese Weise anzutreiben.

„Ja, mach keinen Stress, wir haben es gleich!", lautete meine mahnende Antwort, wusste ich doch ganz genau, dass das nicht wirklich viel nützen würde, denn der „Motor Sandy" lief inzwischen schon auf vollen Touren und ließ sich durch nichts und niemanden mehr bremsen.

Als ich meine Schuhe anzog, war dies das Startsignal für ihr übliches „Anlein-Ritual". Wie auf Kommando hüpft sie dabei immer auf die dritte Stufe unseres Treppenhauses, drückt demonstrativ ihre geschwellte

Brust heraus und zittert am ganzen Körper vor Aufregung und Vorfreude, als wolle sie sagen: „Hurra, ich darf mit!", und: „Ich bin auch noch da – bitte vergiss mich ja nicht!"

Als sie endlich ihr Halsband verpasst bekam, war ihrem Bewegungsdrang kaum noch Einhalt zu gebieten. Und wehe, ich würde mir erlauben, keine Anstalten zu machen, nach der Leine zu greifen! Sofort würde die kleine Sandy in die „zweite Aufforderungsphase" übergehen, indem sie zu ihrem aufgehängten Halsband hingeht, und dieses mehrmals mit ihrer frechen Nase anstupst.

„Hey, was ist los, du wirst mich doch nicht vergessen!", würde sie mir unmissverständlich zu verstehen geben. „Hier bin ich, und hier ist das Halsband, also los, nun mach schon!"

Und sollte das alles nicht helfen, dann würden von ihr alsbald schwerere Geschütze aufgefahren – die dritte Phase, die so genannte „Anstinkphase", würde eingeläutet werden. Diese äußert sich zunächst in verschluckten Wuffern und geht über in ein immer lauter werdendes Gebelle, das unmissverständlich klarmachen will: „Hey, ich will auch mit!"

Doch all dies konnte heute glücklicherweise entfallen, da ich ihr prompt das Halsband umlegte und sie somit sicher sein konnte, dass es mit ihr alsbald auf die Reise gehen würde. Um sich jedoch ganz sicher zu sein, ja nicht vergessen zu werden, raste sie sofort aus dem Haus heraus, als ich die Haustüre geöffnet hatte. Dabei handelt sie erstaunlicherweise instinktiv ganz nach dem philosophischen Motto: „Das Normative des Faktischen", ohne jemals irgendetwas von Philosophie gehört zu haben. Auch ich hatte meine Siebensachen inzwischen zusammen und so konnte unser Herbstausflug endlich beginnen.

Unser Weg führte uns durch einige Seitenstraßen, bis wir schon bald den nahen Waldesrand erreicht hatten. Sandy findet sich hier sprichwörtlich „blind" zurecht, sie vermag jeden Baum und jedes Gebüsch sofort zu erkennen. Kein Wunder, sind wir diesen Weg doch schon oft gegangen. Wir schwenkten ein in Richtung des kleinen Waldweges, wo die Bäume und Blätter sich bereits in schillernden und bunten Farben präsentierten und der Herbstwind behaglich über die Baumwipfel rauschte. Ein Hochgenuss für Augen und Ohren gleichermaßen.

Ich bewunderte die in Würde gealterten Bäume, wahre Riesen, ihres Zeichens majestätische Eichen, stolze Buchen und anmutsvolle Rosskastanien. Sie hatten all die bewegten Jahre, ja vielleicht sogar Jahrhunderte, unbeschadet überlebt und trotzten immer noch tagtäglich mit eisernem Willen dieser Welt. Bewundernswert! Angesichts dessen tauchte bei mir der geheime Wunsch auf, etwas von einer Eiche zu haben, ihrer Stärke, Robustheit und Standfestigkeit, komme was da wolle.

Für einen kurzen Moment machten wir Rast unter einem dieser uralten, erhabenen Bäume, einer mächtigen Eiche, die mit ihrem kräftigen Stamm wohl so manchem Unwetter die Stirn geboten hatte, und die, mit ein bisschen Glück, immer noch stehen würde, wenn mein kleiner Hund und ich schon lange nicht mehr auf dieser Welt verweilten. Ja, wie könnten wir armseligen Menschen doch von der Natur lernen, wenn wir nur richtig zuhören würden!

Nur allzu gerne erinnerte ich mich daran, dass es in meiner Kindheit eine wahre Passion von mir war, zur Herbstzeit zusammen mit Freunden die Früchte dieser edlen Bäume zu sammeln. So verbrachte ich manchen Herbsttag in meinem jungen Leben damit, Eicheln und „Kastanakeln", wie wir die Kastanien damals nannten, zu sammeln und dann beim Förster abzugeben, der diese als Futter für die Wildtiere im Winter benutzte.

Ja, da war er wieder, dieser unschätzbare Geruch, der Geruch des noch jungen Herbstes, der die menschliche Seele auf so unnachahmliche Weise reinigt, die Sinne belebt und neuen Lebensmut und Hoffnung verleiht. Auch meine kleine Sheltie-Hündin hatte diesen feinen Duft bemerkt und rümpfte ihre kleine Nase weit nach oben, wobei sie mit vollen Zügen den warmen Wind begierig durch ihre kleinen Nasenlöcher einsaugte. Ob sie wohl in diesem Moment Ähnliches wie ich empfinden vermochte? Vielleicht ja, ich hätte es wirklich allzu gerne gewusst …

Leider sind diese warmen Herbsttage selten, viel zu selten, so dass dieses, zugegebenermaßen etwas sentimentale Hochgefühl nur auf wenige Augenblicke im Jahr beschränkt ist. Umso größer ist das Glücksgefühl in dieser Zeit.

Herbstimpressionen

Solch wunderbare Herbstspaziergänge vermögen die menschliche Seele zu reinigen und bestehende Kümmernisse scheinen sich im milden Herbstwind wie im Nichts aufzulösen. Und unwillkürlich tauchen in solchen Momenten jedes Mal Erinnerungen in mir auf, meist sind es Erinnerungen an die Zeit meiner Jugend oder auch Erinnerungen an für mich bedeutsame Menschen, Begegnungen, Erfahrungen und Erlebnisse aus meinem Leben. Sie ziehen wie ein spannender Film an mir vorüber und ich fühle mich unheimlich gut hinterher, weil es mir einfach *gut tut*.

Doch bevor ich mich gänzlich in meinen Gedanken verlieren sollte, forderte mich das kleine Wollknäuel da unten unmissverständlich auf, unsere Wanderschaft endlich fortzusetzen. Vor uns lag noch ein kurzes Stück Weg im dichten Wald, der uns alsbald in ein freies Feld führte. Wir bahnten uns einen Weg durch farbenprächtige Ansammlungen von Herbstblättern, die der Wind wie einen bunten Teppich vor uns ausgebreitet hatte. Schon bald erreichten wir den nahen Waldesrand und, als ob auf einmal alle Ketten gesprengt würden, sauste meine kleine Sandy mit sichtlichem Hochgenuss über das weite Feld hinweg.

„Klasse, hier kann ich mich richtig austoben!", war ihrem schelmischen, kleinen Hundegesicht anzusehen. Ich schaute mir dieses drollige Schauspiel gerne an und nahm nach dem langen Marsch auf dem kleinen Bänkchen am Waldesrand Platz.

„Man wird ja auch nicht jünger, nur weiser", befand ich zu meiner eigenen Rechtfertigung. Sollte man zumindest meinen, ganz sicher war ich mir da indes nicht. Aber egal, das Bänkchen war äußerst bequem, die Sicht über das freie Feld phantastisch, „also was soll's …", dachte ich mir.

Während der kleine Racker sich nach Herzenslust austobte und dabei natürlich nicht vergaß, in regelmäßigen Abständen seine obligatorischen Wuffer auszustoßen, schaute ich mit etwas Sorge in Richtung Himmel. Dichte Wolken zogen langsam am Horizont auf und hängten sich tief über das weite Feld. Und der immer stärker werdende Wind verhieß zudem wahrlich nichts Gutes. Er blies mir von Osten kommend unangenehm ins Gesicht und kündigte einen drohenden Regen an, der gerne auch in einen dieser typischen Wolkenbrüche übergehen konnte, wie sie im Herbst immer wieder auftreten.

Ich beobachtete mein kleines Pelzmonster, wie durch den anhaltenden Herbstwind ihr geschmeidiges Fell fest an ihren kleinen Körper gedrückt wurde, so dass ihre grazile Statur deutlich erkennbar war. Nein, dick war sie fürwahr nicht, meine Kleine, auch wenn so mancher „lieber" Bekannter immer wieder gerne mal schnippische Bemerkungen in dieser Richtung fallen ließ. Sie hatte eben nur viel Fell, wie es bei den Shelties so üblich ist.

Inzwischen hatten sich meine Befürchtungen bestätigt und erste Regentropfen prasselten munter auf uns herunter.

„Na klasse, ich bin natürlich wieder mal viel zu leicht angezogen, was nun?", dachte ich mir.

Viel Zeit zum Überlegen blieb mir indes nicht, denn es fing plötzlich an, sintflutartig zu regnen und erforderte ein schnelles und beherztes Handeln, wollten wir beide nicht klitschnass und wie die sprichwörtlich begossenen Pudel nach Hause kommen.

Zum Glück befand sich ganz in der Nähe eine offene Scheune, die den Bauern als Unterstand für ihre landwirtschaftlichen Maschinen diente. Sie sollte unsere rettende Zuflucht bei diesem Sauwetter werden. Doch bis dorthin war es ein gutes Stück, so dass ein sofortiges Losrennen angesagt war, denn der Regen wurde inzwischen deutlich heftiger und peitschte uns erbarmungslos ins Gesicht. Zu allem Überfluss entwickelte sich der Wind zu einem ausgewachsenem Sturm, wodurch wir zu einem noch größeren Tempo angespornt wurden.

„Los, los komm schon!", forderte ich meine kleine Sandy vehement auf, der dieses Wetter offenbar weit weniger ausmachte als mir und die mein panisches Gerenne offenbar als ein neues Spiel interpretierte. Laut bellend rannte sie hinter mir her.

„Hey, was für ein tolles, neues Spiel!" Indes war es mir im Augenblick vollkommen egal, wie sie über diese Aktion dachte, Hauptsache, sie folgte mir auf dem Fuß.

Dass das Ganze vielleicht doch kein neues Spiel sein könnte, wurde ihr rasch klar, als wir an einer Schneise am Waldrand vorbeikamen, durch die der Wind mit seiner ganzen Gewalt hindurch blies. Es mögen wohl Windgeschwindigkeiten in einer Größenordnung von 70 bis 80 km/h gewesen sein, die urplötzlich von der Seite her auf uns einwirkten. Solche Querschläger waren für die kleine Hündin mit ihren gerade einmal sieben Kilo Lebendgewicht natürlich viel zuviel, und so wurde ihr Vorwärtstrieb jäh durch einen massiven

Seitenhieb gestört, woraufhin sie gut und gerne einen Meter nach rechts geschleudert wurde.

„Was war das denn?", fragte sich Sandy sichtlich verdutzt. Ein kurzer Schreck, wohl eher mehr eine Verwunderung, dann ein Schütteln und schon war dieser unangenehme Zwischenfall wieder abgehakt.

Inzwischen hatte sich das Ganze zu einen ordentlichen Sturm entwickelt, so dass ich unser Tempo weiter forcierte. Wir rannten weiter, als ob es um unser Leben gehen würde und erreichten endlich den rettenden Unterschlupf. Indes kam die Rettung für meine Kleider selbstverständlich viel zu spät. Ich war durch und durch nass geworden, meiner kleinen Sandy erging es wahrlich nicht besser.

Beide gleichermaßen bis auf die Haut klitschnass, schauten wir auf den strömenden Regen da draußen, der uns wie eine dichte, undurchdringbare Wand erschien und überhaupt nicht mehr aufhören wollte. Wir lauschten still diesem eindrucksvollen Naturschauspiel, und je länger wir so dasaßen, hier draußen, umgeben von den Gewalten der Natur, kehrte alsbald eine friedliche Ruhe in uns beiden ein. Wie so oft in solchen Momenten nahm ich mir etwas Zeit zum Nachdenken, Zeit für eine Besinnung.

Mir wurde plötzlich klar, wie klein und unbedeutend der Mensch doch angesichts dieser ehrfurchtsvollen Naturgewalten ist. Und wie er, der Mensch, sich andererseits so unendlich wichtig und unentbehrlich vorkommt. Und wie er sich gleichsam ohne Skrupel anmaßt, diese Welt sich und seinen niederen Zielen untertan zu machen. Und wie er diese Welt durch seinen unbändigen Ausbreitungsdrang systematisch und mit Nachdruck zerstört. Gestern, heute, morgen, übermorgen.

Aber er, der Mensch, wird irgendwann einmal der Verlierer in diesem hässlichen Spiel sein, das ist die traurige Wahrheit. Nicht heute, nicht morgen, aber vielleicht in ein paar Jahrhunderten. Dann wird er durch seinen destruktiven Geist und seinem maßlosen Raubbau an der Natur sich selbst ausgelöscht haben. Im Augenblick verliert noch die Natur, jedoch wird sie langfristig als Siegerin vom Feld gehen. Sie hat keine Eile. Fürwahr nicht. Ihre Stunde wird kommen, und, wer weiß, vielleicht auch schon bald.

Aber nun genug davon. Inzwischen war eine gute halbe Stunde vergangen, es hatte glücklicherweise fast aufgehört zu regen und der Sturm hatte sich gelegt. „Der da oben" meinte es offenbar gut mit uns. Wir nutzten die Gelegenheit und machten uns rasch auf den Heimweg.

Als wir völlig durchnässt, aber glücklich, wieder zuhause angekommen waren, begann es schon langsam zu dämmern und ein ruhiger und vor allem trockener Abend am lauschigen Kaminfeuer erwartete uns beide, Herr und Hund. Wobei meine kleine Prinzessin sich wie immer den kuscheligsten Platz vor dem wohlig warmen Kaminofen ausgesucht hatte und nun dort behaglich alle Viere von sich streckte.

FÜNFUNDZWANZIG

Spielen ist das halbe Leben!

Manche Hundebesitzer mögen der Meinung sein, dass das Spielen eines Hundes ein ausschließlicher Bestandteil des Welpenalters ist und dass ein ausgewachsener Hund diese vermeintlich infantilen Verhaltensweisen doch möglichst ablegen sollte. Man mag so denken, ich jedoch bin in diesem Punkt völlig anderer Meinung. Wenn ich sehe, wie sehr all meinen Hunden das Spiel bis ins hohe Alter große Freude und jede Menge Spaß bereitet hat, kann ich absolut nichts Verwerfliches darin finden.

Man mag argumentieren, dass ein Hund mit einem lebenslangen Spieltrieb nie richtig erwachsen wurde und im Welpenstadium stecken blieb, ich jedoch empfinde diese Ansichten aus meiner persönlichen Erfahrung heraus als puren Humbug. Ja, ich würde sogar soweit gehen zu behaupten, dass ein Hund, der keine Freude am Spiel entwickeln kann, nicht wirklich seelisch gesund ist.

Man denke beispielsweise nur daran, dass gerade die Arbeit der hart trainierten Polizei- und Schutzhunde einzig und allein auf dem angeborenen Spiel- und Beutetrieb des Hundes basieren. So ist es für den Polizeihund gleichsam ein willkommenes Spiel, in verdächtigen Fahrzeugen oder Wohnungen nach illegalen

Drogen, Schmuggelware oder gar Sprengstoff zu suchen, und das meistens mit Erfolg – das wiederum sehr zum Leidwesen der Delinquenten. Und wo wären wir letztlich ohne die feine Nase der vielen Such- und Rettungshunde, deren Einsatz schon hunderten von Menschen das Leben gerettet hat. Auch deren Ausbildung basiert einzig und allein auf dem Spieltrieb des Hundes.

Von daher spreche ich ein deutliches Votum „pro Spiel" aus und fördere ein entsprechendes Verhalten auch bei meinen Hunden. Denn: Spielen macht unheimlich viel Spaß, dem Hund *und* dem Herrchen gleichermaßen. Ja, Spielen bedeutet wohl letztendlich das halbe Leben für einen Hund.

Gerade in der Welpenzeit bekam unsere kleine Sandy eine riesige Ansammlung an Spielsachen geschenkt, eines bunter als das andere, aber alle hatten eines gemeinsam: das kleine Hundebaby konnte nach Herzenslust darauf herumbeißen. Wie sich ihre kleinen Milchzähnchen da freuten!

Da waren Bälle aller Art, Spielhanteln, Baumwollspieltaue, Beißringe, Latex-Hühner, Gummi-Schweine, Frisbees, Plüschknochen und was weiß ich noch alles. Damit einher ging leider auch in dem meisten Fällen ein fürchterliches Quietschkonzert, verursacht durch die so genannten „Squeeker", die innen drin eingebaut waren – elende nervtötende Quietschdinger, die ums Verrecken nicht tot zu bekommen waren. Meine armen Ohren! Wer schon einmal in einem Tierladen die verschiedenen Töne der mannigfaltigen Auswahl an Quietsch-Spielsachen ausprobiert hat, der weiß in etwa, wovon ich rede. Eines erbärmlicher als das andere, indes die Hunde stehen da voll drauf, und wie!

„Klasse, wie schön das fiept!", jubelte Klein-Sandy jedes Mal und biss voller Wonne auf dem Quietsch-Teil herum.

„Dich mache ich klein!", mag sie sich wohl in dem Augenblick gedacht haben, während sie, untermalt von einem bedrohlich klingenden Knurren, das bemitleidenswerte Quietschie genüsslich mit ihren scharfen Zähnen zerknautschte.

Manchmal kommt mir der Gedanke, dass die Hunde das Quietschen mit dem Winseln eines verendenden Beutetier assoziieren, das sie gerade „erlegt" haben.

Wie dem auch sei … Immer, wenn es mir dann irgendwann einmal zu bunt wurde, bereitete ich der Sache ein – meist nur vorläufiges – Ende mit einem lauten „Aus!"-Ruf. Indes hielt die einkehrende Ruhe nicht lange an, denn sobald der kleine Racker der Meinung war, dass genügend Zeit verstrichen sei, pirschte er sich still und heimlich wieder an das Teil heran und flugs wurde, zunächst leise, dann immer lauter werdend, das Quietsch-Ding wieder aufs Neue bearbeitet. Weil es eben so einen fürchterlichen Spaß machte! Meist war ich dann doch großmütig und ließ den Lärm gezwungenermaßen über mich ergehen.

Im Folgenden möchte ich kurz darstellen, welche Spiele sich bis heute bei Sandy einer großen Beliebtheit erfreuen.

„Schnauzball"

Schon als Welpe wurde die kleine Sandy mit prall gefüllten Luftballonen konfrontiert, um sie mit dem fürchterlichen Knall vertraut zu machen, den so ein platzender Ballon produziert. Das Ganze mit dem Ziel, ihre Ängste vor plötzlich auftauchenden, lauten Geräuschen abzubauen. „Desensibilisierung" nennt man das wohl in der Fachsprache. Indes, mit Erfolg, denn seitdem haben es Luftballone der kleinen Sandy angetan.

„Die kann man so richtig schön mit der Nase durch die Gegend schubsen!", denkt sie sich dabei.

„Wau, wau, wau!" schallt es lautstark durch unser Wohnzimmer, wenn sie mit höchster Erregung das runde, mit Luft gefüllte Ding durch den ganzen Raum jagt, bis sie endlich den „Knubbel" des Ballons mit der Schnauze zu fassen bekommt und er als erfolgreich „erlegt" gilt.

Sodann geht es „tippel, tippel, tippel" mit dem Ballon als Trophäe auf ihr Beutefell, wo sie ihn schon nach kurzer Zeit erneut anstupst, damit das Spielchen von Neuem losgehen kann. So mag das Possenspiel oft über eine Viertelstunde oder länger gehen, wenn es nicht dem geplagten Ballon vorher zu bunt wird und er mit einem lauten „Boing" zerplatzt. Irgendwann hat der eben auch mal genug von der Drangsalierung. Das schreckt Sandy jedoch keineswegs ab, sondern sie findet es im Gegenteil sogar unheimlich lustig und fordert von mir sogleich die Bereitstellung eines neuen Ballons.

„Tauziehen"

Ja, Tauziehen – das ist wohl der absolute Topp-Favorit unter all ihren Hanswurstereien.

„Damit kann man mit Herrchen so richtig schön um die Wette zerren!", muss sie sich wohl dabei denken. Bevorzugte Objekte bei diesem heiteren Kräftemessen sind ihr geliebter „Knochi", ein Frisbee oder Beißringe aller Art.

Ich merke sofort, wenn dieses Spiel wieder einmal angesagt ist: Ein aufkommendes, äußerst bedrohlich wirkendes Knurren, gepaart mit dem Piesacken des Tauzieh-Objekts kündigt eine neue Runde Tauziehen an. Diesmal muss ihr geliebter „Knochi", ein ekelhaft quiet-schender Plüschknochen, für dieses Spiel herhalten.

So wird das bemitleidenswerte Stoffteil auch sogleich mit sicht-lichem Hochgenuss malträtiert und danach in hohem Bogen in die Luft geschleudert, um es anschließend unter wütendem Knurren mit einem Satz anzuspringen. Ist dies ihrer Meinung nach zur Genüge und mit der notwendigen Ausführlichkeit geschehen, komme ich mit ins Spiel.

Noch immer laut knurrend, hält sie mir das inzwi-schen total vollgesabberte Ding wie einen verlocken-den Köder hin, nur eben soweit, dass ich ihn auf An-hieb gerade so nicht erwischen kann. Ich benötige mehrere Anläufe, bis ich das Teil endlich erhasche, bevor sie es mir wieder schelmisch vor der Nase weg-ziehen kann.

„Hab es!", triumphiere ich, und schon beginnt eben jenes wilde Tauziehen um den Plüschknochen, bei dem sich Klein-Sandy in einen Rausch von Erregung hineinsteigern kann.

Natürlich bin ich in diesem Spiel definitiv der Stär-kere von uns beiden, dennoch ermögliche ich ihr, zwischenzeitlich immer wieder einmal zu „gewinnen" und lasse mir dabei theatralisch den Plüschknochen entreißen, damit sie die Lust auch nicht verliert.

Wenn ich dann letztendlich genug habe vom Sabberknochen-Tauziehen, werfe ich das triefende Ding zum Apportieren durch den Raum, woraufhin sich Klein-Sandy mit ihrer „Beute" auf ihr Fell zurückzieht und das arme Ding dort nach Herzenslust ordentlich durchbeißt.

„Schüttel-die-Sau"

Sandys neuestes Lieblingsspielzeug ist eine fleischfarbene Gummi-Sau, mittelgroß, hübsch-hässlich anzusehen und länglich in ihrer Form.

Den Quietschie innen drin hatte Sandy bereits nach zwei Tagen klein gekriegt, zur Genugtuung von uns allen, denn das Ding hatte einen wahrlich grauenhaften Sound!

Nachdem Sandy ihr abendliches Fressi bekommen und draußen im Garten ihr Geschäft erledigt hat, folgt die rituelle „Erlegung der Sau". Dabei schüttelt Sandy das arme Gummitier unter lautem und gefährlich klingenden Knurren wild umher. Eine ganze halbe Stunde kann dieses Schüttelspiel mitunter schon mal dauern. Sandy haut dabei die arme Sau „kräftig ums Viereck rum", wie wir Bayern zu sagen pflegen.

Irgendwann ist das arme Tier dann „erlegt" und hat nun endlich wieder seine wohlverdiente Ruhe. Arme, kleine Sau!

Sechsundzwanzig

Der Plumps vom Sofa

Ach, wie gerne fläzt sich unsere kleine Sandy doch auf unserem gemütlichen, roten Ledersofa! Sie liebt dieses Sofa heiß und innig, ist es doch mit all den vielen weichen Kissen und der braunen Schmusedecke darauf ihr Lieblingsruheplatz und ihre sichere Höhle zugleich.

Doch dieses Mal sollte ihr behagliches Fläzen ein jähes Ende finden. Das trug sich folgendermaßen zu: Ganz entspannt lag sie da und döste vor sich hin und träumte wohl einen spannenden und zugleich glücklichen Hundetraum. Einen jener Träume, bei dem sie mit Herzenslust auf einer grünen Wiese umhersaust, neue und hoch interessante Spuren verfolgt, mal so richtig Hund sein darf, na eben kurz gesagt, rundum glücklich ist.

In ihrem Schlaf war ein leises, zufriedenes Wuffern zu hören und ihre kleinen Pfötchen zuckten aufgeregt hin und her. Doch plötzlich musste es wohl eine Wendung in ihrer heilen Traumwelt gegeben haben, denn ihr Schlaf begann, sichtlich unruhig zu werden und sie drehte sich ganz aufgeregt von einer Seite zur anderen. Doch soviel „Bewegung" blieb indes nicht ohne Folgen. Die kleine Sandy kam an den Rand des Sofas und plumpste mit einem lauten Rums vom Sofa auf den Boden. Schlagartig wurde der kleine Hund wach und blickte mit großen Augen ungläubig zu mir herauf.

„Was war das denn?", bekundete mir ihr völlig bedröppeltes Gesicht.

Eine längere Maunz- und Knurrphase nebst einem symbolischen Lecken ihrer seelischen Wunden schloss sich sogleich daran an.

Doch nach einer Weile war auch dieser Lapsus verdaut, es folgte ihr typisches Schütteln, mit dem sie allen Ballast, der sie bedrückt, all ihre Probleme und Wehwehchen mit einem Mal abzuschütteln vermag, um danach ganz wieder die Alte zu sein.

So musste ich wieder einmal aufs Neue feststellen, dass mein kleiner Hund wirklich von absolut robuster Natur ist.

SIEBENUNDZWANZIG

Auf dem Weg zum Postamt

Das Jahr 2005 war geprägt von hoher Arbeitslosigkeit in Deutschland, vielen Firmenpleiten und tiefer wirtschaftlicher Depression. Noch tiefer saß die Depression allerdings bei den betroffenen Menschen, leider oftmals einhergehend mit einschneidenden persönlichen Schicksalsschlägen und einem Gefühl der Ohnmacht und Hoffnungslosigkeit. Eine wirklich schwierige Zeit.

Auch ich teilte das traurige Los der damals knapp fünf Millionen Arbeitslosen, da meine Firma aufgrund mangelnder Umsatzlage insolvent gegangen war. Wohl dem, der in einer solchen Situation das Glück hat, dass aufrechte Menschen an seiner Seite stehen, die vorbehaltlos und ehrlich zu ihm halten. Und wie tröstlich ist in einer solchen Situation der Niedergeschlagenheit ein treu ergebener Hund, der sich so rein gar nichts darum schert, dass sein Ernährer nun gerade mal keine Arbeit hat, sondern der bedingungslos seinem Herrchen mit dem ihm eigenen munteren und sorglosen Wesen aufheitert und ihm so ein ums andere Mal neuen Lebensmut zu geben vermag.

So führte mich damals mein Weg mehrmals in der Woche zum ortsansässigen Postamt, wo ich guten Mutes und voller Hoffnung meine Bewerbungspost

abzugeben pflegte. Den Weg dorthin nahm ich jedes
Mal zu Fuß vor; eine willkommene Gelegenheit für
meine kleine Sheltie-Hündin für einen glücklichen
Hunde-Ausflug.

Immer, wenn Sandy den Satz „Ich muss etwas zur
Post hinbringen" hörte, fühlte sie sich sofort auf den
Plan gerufen und vollführte ihre üblichen Freudentän-
ze, wusste sie doch, dass wieder ein spannender Ausflug zum Postamt anstand. Und sie wusste nur zu gut,
dass ich sie wirklich gerne auf diesem Weg mitnahm.

Voller Ungeduld schaute sie mich dabei mit ihren
kleinen Kulleraugen erwartungsvoll an, als wollte sie
mir zu verstehen geben, dass es nichts Schöneres auf
dieser Welt für einen kleinen Sheltie geben kann als
ein langer Spaziergang mit seinem Herrchen.

Wie immer waren für den kleinen Hund die weißen
DIN-A4-Couverts sowie das Packen meines Ruck-
sacks ein untrügliches Zeichen dafür, dass es nun endlich losgehen würde. Obwohl sie sich sicher war, dass
sie mich auf diesem Gang begleiten durfte, drängte sie
sich vorsichtshalber in der Nähe ihres „Zaumzeugs"
dicht um mich herum, um auf keinen Fall zurückgelas-
sen zu werden.

Doch bevor ich mich auf den Weg machte, wollte
ich vorher noch eine häusliche Pflicht erledigen und
schnell noch den Müll hinausbringen. Das passte dem
kleinen Racker nun aber gar nicht. Mit lauten Wuffern
gab meine kleine Sheltie-Dame lauthals ihren Protest
kund und bekam auch sogleich ihre berühmten „spinnerten fünf Minuten", wobei sie wie ein Wirbelwind

herumzurennen pflegte. „Jetzt gehen wir aber endlich!“, penetrierte sie mich mit deutlichem Nachdruck. „O.K., es geht ja sofort los“, beruhigte ich sie.

Aus dem Haus herausgekommen, führte ihr erster Weg wie immer zum Zaun des Nachbarn.

„Ich muss unbedingt mal checken, ob der Nachbarshund Gypsy zufällig im Garten verweilt. Wenn ja, muss der auf jeden Fall erstmal tüchtig angebellt werden, das ist heilige Sheltie-Pflicht!“, gab mir Sandy zu verstehen. Quasi als eindringliche Nachricht „Ätschbätsch, ich bin hier draußen, und du musst dich hinter dem Zaun verstecken.“

Zum Glück war der Nachbarshund heute nicht zu sehen, wodurch das obligatorische Bellkonzert diesmal ausfiel. Als wir endlich losgingen, trottete Sandy mit erhobenem Schwanzbüschel und ihrem typisch tänzelnden Schritt vor mir her, ständig die Nase dicht am Boden, um zu erforschen, welche neuen „Geschichten“ denn dort geschrieben standen. Ich versuchte mir vorzustellen, wie die Welt aus ihrer 35 Zentimeter hohen „Hundeschnauze“-Perspektive wohl aussehen mochte.

Wir gingen weiter, vorbei an neu erbauten Häusern, dort, wo früher alles dichter Wald war. Mächtige, alt gewachsene Eichen-, Kastanien- und Lindenbäume zierten hier die Gärten der Neubauten, eigentlich waren die Bäume viel zu groß für die kleinen Gärten, dennoch wurden sie erfreulicherweise nicht abgeholzt und hatten ihren angestammten Platz behalten.

Ein paar Meter weiter wurden wir begrüßt von einem hellbraunen Labrador, der wie immer laut bellend am Gartentor herannahende Fußgänger zu erschrecken pflegte. Sandy bellte kurz zurück, denn sie wollte dem frechen Kerl natürlich keine Antwort schuldig bleiben, harrte aber nicht lange aus, da ich mich anschickte, meinen Weg nach links einzuschlagen.

Wir kamen vorbei an dem Kindergarten, der neben der hiesigen Gemeinde-Kirche liegt. Wie so oft trafen wir auch heute Kinder auf der Straße, und Sandy wurde einmal mehr von vielen kleinen Händen begrüßt und gestreichelt. Sie genoss diese Zuneigung sichtlich, und konnte sich nur schwer trennen, als ich den Weg langsam fortsetzte.

Bald schon kamen wir durch einen dicht besiedelten Häuserblock, eine jener Betonburgen, die Menschen in die Anonymität zu treiben vermögen.

An allen Ecken und Enden roch es hier aufregend nach Hund. Sandy mussten hier wohl wahre Geruchs-orgie entgegenkommen, man merkte es ihrem aufge-regten Umtrieb an. Und sogleich schnupperte sie an einem Rinnsal, das wohl erst kürzlich von irgend ei-nem Vierbeiner an einem Baum verewigt wurde.

Ihr analysierender Blick verriet mir dabei: „Aha! Rauhaardackel, männlich, vier Jahre alt – kenne ich den am Ende, ist das nicht der Frechdachs aus der Nebenstraße?"

Nicht unweit tummelten sich zwei Mischlinge im fröhlichen Spiel und bellten sich munter einander an. Die kleine Sandy hatte das natürlich sofort entdeckt, war nicht untätig und gab natürlich sogleich auch ihren „Senf" dazu, was eine allgemeine, dreistimmige Bell-Arie zur Folge hatte.

„Hey, Jungs, was geht bei euch denn so ab?", ließ sie in ihrer eigenen Hundesprache verlauten.

„Wrr-wau!" kam zur Antwort, so als ob die da drü-ben sagen wollten: „Mensch Pelzi, was willst du denn, kümmere dich doch um deinen eigenen Kram!"

Doch davon ließ sich Sandy nicht abhalten, ihre Neugierde war natürlich viel zu groß. Nachdem sich die allgemeine Aufregung etwas gelegt hatte, wurde durch allgemeines Abschnuppern festgestellt, dass wohl alle Anwesenden friedlicher Natur waren, wobei das Interesse einer der beiden Mischlinge sogleich

Sandys Hinterteil galt. Die ließ sich just an dieser Körperstelle aber nun gar nicht gerne beschnuppern.

„Weg da von meinem Hinterteil!", gab sie mit einem eindrücklichen Knurren zu verstehen.

„Spielverderberin!", kam die enttäuschte Antwort, die sich in einem „Wuff, wuff!" äußerte.

Bemüht, die Situation zu entspannen, forderte ich Sandy zum Weitergehen auf. Wir überquerten eine Brücke, die in ein beschauliches Ladenzentrum führte, das mit seinen vielen kleinen Geschäften eine angenehme Atmosphäre zum Einkaufen bot. Dort befand sich ein türkischer Gemüse- und Feinkosthändler neben einer kleinen Bäckerei und einem Blumenladen. Angenehme und wohlriechende Düfte von frischem Gebäck und türkischen Köstlichkeiten lagen in der Luft, so dass sich unwillkürlich mein Magen mit der eindeutigen Botschaft „Hunger!" meldete.

Meine kleine Prinzessin hatte die Wohlgerüche auch schon bemerkt und reckte ihre kleine Stupsnase aufgeregt Richtung Himmel und saugte mit tiefen und langen Atemzügen diese berauschenden Düfte ein.

„Auf dem Rückweg werde ich wohl beim Türken eine Ladung Schafskäse, eine ordentliche Portion Zaziki und auch diese einmaligen, eingelegten Essiggurken mitnehmen", dachte ich bei mir.

Doch wir mussten weiter in Richtung Postamt, da dieses auch irgendwann einmal seine Tore schließen würde und ich nicht unverrichteter Dinge wieder heimgehen wollte. Wiederum bekamen Bäume die Vormacht, unser Weg führte durch eine schattige

Allee, die uns beiden bei der zunehmenden Hitze eine angenehme Kühlung verschaffte.

Sichtlich verdutzt schaute die kleine Sandy einem wirklich urkomischen Schauspiel zu, bei dem zwei wuselige Eichhörnchen sich gegenseitig einen alten Eichenbaum rauf und runter jagten. Allzu gerne würde sie sich an dem lustigen Spiel beteiligen, jedoch sind die kleinen Nager natürlich viel zu flink für den kleinen Hund.

Wir gingen weiter, vorbei an einem Altenheim, bei dem die Bewohner mit traurigen und leeren Blicken durch das Fenster ihrer Terrasse starrten. Als wir an der besagten Terrasse vorbei kamen, schienen sich die Blicke einige der alten Menschen etwas zu erhellen, als sie die kleine Sandy auf der Wiese vor ihrer Terrasse herumtollen sahen. Ich dachte bei mir, dass es vielleicht eine wirklich gute Idee wäre, diesen alten Menschen, die offenbar den Sinn ihres Lebens verloren haben, durch den Kontakt mit einem Hund etwas Aufheiterung zu bringen. Wie viel Licht und Freude könnte ein fröhlicher, unbeschwerter Hund in das Leben eines alten Menschen bringen! Mein soziales Gewissen hatte sich wieder einmal gemeldet, indes wusste ich natürlich, dass ich nicht all den Schmerz und das Leid dieser Welt auf meinen Schultern tragen konnte. Ernüchtert darüber setzten wir unseren Weg fort.

Als wir dem Waldrand näher kamen, merkte ich deutlich, wie sich die Erregung bei meiner kleinen Sheltie-Hündin sichtlich steigerte. Das letzte Stück ist quasi das Sahnehäubchen des ganzen Wegs, wenn wir in ein unberührtes Waldgelände eintreten. Da es inzwischen September war, roch es hier angenehm nach „Schwammerln", wie es bei uns in Bayern heißt; ein deutliches Zeichen dafür, dass die Pilzzeit angebrochen war. Was mögen wohl all die vielen Spuren auf dem weichen Waldboden der feinen Nase meiner kleinen Freundin alles preisgegeben haben? Aufgeregt sauste sie durch das Dickicht des Waldes und war dabei wie berauscht von all den Geruchsorgien, die sich ihr dort offenbarten. Natürlich sammelte sie mit ihrem flauschigen Schwanz dabei wieder mal jede Menge Äste und Unterholz auf, das ich danach in mühevoller Kleinarbeit aus ihrer Schwanzbehaarung entfernen durfte.

„Na, klasse!", dachte ich mir, aber da das bei ihrem dichten Haarkleid wahrlich nicht das erste Mal vorkam, sah ich das relativ locker.

Nach einer kurzen Weile hatten wir den Wald durchquert, und es ging über eine viel befahrene Straße zum Postamt. Dort angekommen, war die kleine Sandy natürlich wie immer der Star in der Manege und wurde sogleich von einigen Leuten angesprochen und gestreichelt.

Ist alles altbekannt; ich ließ es gewähren, obwohl ich nicht sonderlich glücklich darüber war. Der kleine Hund spricht eben die Gemüter der Menschen an, das ist nun mal so. Hätte ich an dessen Stelle einen verknautschten, ständig sabbernden Mops als Begleiter gehabt, hätte ich diese Sorgen vermutlich nicht (wobei ich wahrlich nichts Schlechtes über diese ehrenwerte Rasse sagen will). Aber was soll's. Nun war ich an der Reihe und ließ meine Bewerbungsschreiben frankieren und schickte sie sogleich, gepaart mit einem großen Batzen Hoffnung, auf den Weg.

Ich beschloss, aus Zeitgründen nun doch den deutlich kürzeren Rückweg der Straße entlang zu nehmen. Als wir an einem noblen Grundstück vorbeikamen, tauchten plötzlich zwei große und gefährlich anmutende Hunde auf und machten durch wütendes Gebell sofort klar, dass sie hier unerbittlich über dieses Anwesen wachten. Aber O.K., no problem at all – die befanden sich ja hinter einem Zaun. Das machte Sandy natürlich richtig mutig und sie kläffte rotzfrech den beiden Reißwölfen entgegen.

„Was wollen denn die aufgeblasenen Typen, die sind ja hinter dem Zaun, die können mir schon mal gar nichts!", dachte sich das kleine, freche Biest.

Trotzdem, als die beiden dann doch deutlich lauter und aggressiver bellten und ihre gefährlichen Reißzähne durch einen Spalt des Zaunes durchblitzten, wich die vorher noch so „mutige" Sandy dann doch respektvoll einen Schritt zurück, wobei ihre eigenen Wuffer deutlich leiser und verhaltener wurden.

„Na, hast du doch ein bisschen Muffe gekriegt?", fragte ich meine kleine Begleiterin mit leicht schnippischem Unterton.

Die wollte das Thema aber schnell als abgehakt ansehen und tippelte deshalb rasch weiter, bis wir uns schon bald weit hinter dem Anwesen außerhalb der

Reichweite der beiden Widersacher befanden. Einmal kurz schütteln, Sache abgehakt.

Nicht weit, da erschien auch schon ihre (und, nebenbei bemerkt, auch meine) Lieblings-Dönerbude mit all den leckeren Sachen, die dem kleinen Racker natürlich richtig gut schmecken würden. Kein Wunder, dass sich ihr Schritt sichtlich in Richtung der Bude hin beschleunigte. Ich musste sie wohl oder übel zurückpfeifen und „Bei Fuß" gehen lassen. Soviel Disziplin musste sein, da der kleine Hund die guten Sachen sowieso nicht hätte bezahlen können. Kein Geld, kein Döner, so einfach ist das. Als wir schließlich an dem Objekt der Begierde vorbeikamen, erfasste Sandy plötzlich ein deutlicher Rechtsdrall in Richtung Drehspieß.

Natürlich ging es mal wieder nicht ohne die übliche Ermahnung. Ein kurzes „Sandy!" reichte indes allemal, und sie wusste sofort, was die Stunde geschlagen hatte. Als Antwort bekam ich nur ein murrendes Schnauben sowie einen verächtlichen Blick zugeworfen. Wohlriechende Dönerbuden, die direkt auf dem Gassi-Weg liegen, sind fürwahr der absolute Härtetest für den kleinen Hund und werden nur noch getoppt durch ein Besuch in einem dieser uns allen bekannten Fast-Food-Restaurants.

Nicht mehr weit, dann waren wir auch schon wieder zuhause angekommen, zwar wesentlich schneller als auf dem Hinweg, dafür aber längs einer lärmenden und stinkenden Durchgangsstraße, die ich eigentlich nur ungern entlang gehe. Nach diesem ausgiebigen

Spaziergang gönnte sich Klein-Sandy erstmal eine
Runde Schlaf und gab sich, in der für sie so typischen
„stabilen Seitenlage" auf dem wärmenden Steinboden
unserer Terrasse ihren süßen Träumen über das eben
Erlebte hin.

Mir selbst blieb indes die vage Hoffnung, dass mein
Weg zur Post vielleicht doch irgendwann einmal den
gewünschten Erfolg bringen könnte. Und die Hoffnung stirbt bekannterweise ja immer zuletzt.

ACHTUNDZWANZIG

Man ärgert nicht ungestraft kleine Hunde!

Immer dann, wenn sich einer von uns Zweibeinern in der Küche aufhält, ist bei unserem kleinen Sheltie höchste Aufmerksamkeit angesagt. Denn: Mit ein bisschen Glück könnte ja etwas abfallen für sie. Manches Mal ärgert mich ihre unbändige Gier nach allem Fressbaren schon außerordentlich, so dass unwillkürlich der Schelm in mir durchbricht und ich mir einen Spaß daraus mache, den kleinen Hund angesichts seiner zügellosen Fresssucht etwas an der Nase herum zu führen.

So auch heute wieder. Als ich mich in der Küche an der Wurstschublade unseres Kühlschranks eifrig zu schaffen machte, saß Klein-Sandy mir wie immer in strenger Hab-Acht-Stellung und mit geschwellter Brust gegenüber, wusste sie doch nur zu gut, dass sich in eben jenem Wurstfach jede Menge leckere Sachen befinden.

„So ein gieriger Fresssack!", dachte ich bei mir, „aber na warte, auf einen Schelm kommen anderthalb!"

Sodann begann ich, in zugegeben äußerst niederträchtiger Weise, munter mit einer Scheibe Wurst just vor Sandys Augen herum zu wedeln. Meine Frau, die dieses Schauspiel vom Wohnzimmer aus betrachtete, schüttelte derweil verständnislos den Kopf: „Mensch Klaus, veräppel doch nicht den armen Hund, das ist albern!"

Als dann Sandy auch noch begann, mich durch leises Knurren und mit verschluckten Wuffern zu penetrieren, reizte mich das nur noch zusätzlich, mein gemeines Spiel auf die Spitze zu treiben.

„Na warte", dachte ich mir „dich führe ich jetzt ein bisschen an der Nase herum!", und tat so, als ob mir ein Stück Wurst herunterfallen würde. „Hoppla!"

Sandys Ohrwascheln schnellten blitzartig nach oben und ihr Drang in Richtung der begehrten Wurst wurde deutlich stärker, so dass sie kaum noch zu halten war. Doch auweh! Vor lauter An-der-Nase-Herumführen fiel mir die Wurstscheibe dann tatsächlich aus der Hand und landete – platsch – auf dem Küchenboden.

„So ein Mist aber auch!" fluchte ich. Indes geschah mir das natürlich vollkommen recht, denn es war zugegebenermaßen richtig gemein von mir, was ich da gerade abzogen hatte. Selber schuld! Ich selbst würde ja auch nicht gerne so gehänselt werden. Da ich keine große Lust hatte, eine Wurst zu essen, die durch den Fußboden „gesalzen" worden war, überließ ich der kleinen Sandy schlussendlich den Leckerbissen.

„Na los, hol dir die Wurst!", gab ich ihr zu verstehen, was sie mit Wonne und einem Gesicht der Genugtuung dann auch sofort machte.

So blieb sie am Ende dann doch der Gewinner bei diesem diabolischen Spiel. Und auch mit Recht, denn: Man ärgert nicht ungestraft kleine Hunde!

Nicht die feine, englische Art!

So gar manch skurriles Erlebnis aus dem alltäglichen (Er-)Leben mit meiner kleinen Sheltie-Prinzessin mag an ihrer adligen Herkunft wahrlich zweifeln lassen. So scheint ihr die Intimsphäre, die man als Zweibeiner besonders bei der Verrichtung des alltäglichen „Geschäfts" zu schätzen weiß, irgendwie samt und sonders gleichgültig zu sein.

Dazu die Geschichte: Ich saß wie jeden Morgen gemütlich auf dem intimsten aller Räume, dem Raum

 mit den zwei Nullen, um in aller Ruhe dem Menschlichsten aller Tätigkeiten nachzugehen. Leider hatte ich wohl vergessen, die Türe richtig zu schließen, denn nach einer Weile, während ich so friedlich da saß, tauchte urplötzlich ein schwarzer Knopf im Türspalt auf, vorsichtig gefolgt von einem hellbraunen Pelzrüssel mit zwei leuchtenden Kulleraugen in der Mitte.

„Aha, da ist er also!", stellte Sandy freudig fest, und wollte mir auch sogleich Gesellschaft leisten. Die umgebenden „hm-m"...-Gase

schienen sie dabei nicht im Geringsten zu stören. Wahrlich nicht die feine, englische Art!

Da ich die bewussten „Angelegenheiten" dann aber doch lieber für mich ganz allein erledige, bugsierte ich den neugierigen Hund verbal nach draußen, um ungestört mein Geschäft zu Ende zu bringen.

„Zisch ab, raus hier!", wies ich sie entschlossen an, was auch kurzzeitig von Erfolg gekrönt war.

Lange hielt dies indes nicht an, denn nach einer Weile tauchte wieder die selbe naseweise „Steckdose" im Türspalt auf, und wollte mir klarmachen: „Wie lange sitzt du denn da drin noch herum, nun mach mal endlich hinne!"

„Heidenblitz! So ein Stress am Morgen geht gar nicht!", dachte ich sichtlich verärgert.

Wiederum setzte es eine deutliche Aufforderung an sie, den Raum sofort zu verlassen, diesmal aber schloss ich sicherheitshalber die Türe, auch wenn ich dafür mit halb herunter gelassenen Hosen durch das ganze Bad eiern musste.

„Uff, geschafft!" Nun waren alle Voraussetzungen gegeben, die „Sache" zu einem erfolgreichen Abschluss zu bringen.

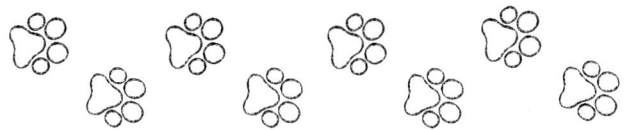

Ein anderes Mal, als mir meine Blase wieder einmal unvermittelt Stress machte, hatte ich es verdammt eilig, das rettende Örtchen zu erreichen, damit die Sache nicht nur sprichwörtlich, sondern am Ende nicht auch noch real in die Hose gehen würde. Nun ja, nebenbei bemerkt, man ist eben auch nicht mehr der Jüngste und das Bläschen lässt eben auch deutlich nach mit dem Alter …

Wie auch immer … Jedenfalls ging es gerade noch einmal gut, jedoch hatte sich meine kleine Sandy von meinem hektischen Gerenne anstecken lassen und dies wohl für eine neue, spannende Variante des Hinterher-Rennen-Spiels gehalten.

Als ich dann, sichtlich erleichtert, so dastand und genüsslich meine Blase zur Entleerung brachte, bemerkte ich plötzlich ein schwarzes Fellknäuel, das direkt hinter mir stand und gleich darauf auffordernd wufferte, um eine neue Runde des aufregenden Hinterher-Rennen-Spiels einzuläuten.

Au weia! Da hatte Klein-Sandy wohl etwas gänzlich falsch verstanden!

„No, Madam! Leave me alone in this place!", waren meine Worte, die ich Sandy in ihrer eigenen Landessprache sogleich mitteilte.

DREISSIG

Ausflug in die Isarauen

Langsam neigte sich der Sommer seinem Ende zu, und das einst grüne Blattwerk der Bäume verwandelte sich mit einem Mal in ein buntes, schillerndes Gewand und kündigte damit eindrücklich den nahenden Herbst an. Wieder einmal verging sie wie im Fluge, die wunderbare Zeit des Sommers, der erfüllt war von behaglich warmen Sonnentagen, die der Seele Licht und Wärme schenkten.

Schon am frühen Morgen deutete alles darauf hin, dass dies wohl einer der letzten schönen Sommertage werden würde, die in diesem Jahr noch verblieben. Klein-Sandy hatte es sich schon früh auf unserer Terrasse gemütlich gemacht. Ganz im Stile einer Sonnenanbeterin räkelte sie sich auf dem wohlig warmen Steinboden, der durch die letzten Sonnenstrahlen noch einmal kräftig aufgeheizt wurde.

Eigentlich stand für uns heute Gartenarbeit auf dem Programm, aber wir beschlossen, alle Fünfe gerade sein zu lassen und mit unserer kleinen Sheltie-Dame einen ausgedehnten Ausflug in die nahen Isarauen zu unternehmen. Zugegebenermaßen war ich für so eine Unternehmung gleich doppelt motiviert, da für mich als krönender Abschluss noch ein (oder am Ende gar zwei?) Maß Bier im Flaucher Biergarten winken würden. Ja, mit so einer ersprießlichen Aussicht fiel mir das Laufen dann schon deutlich leichter!

„Hey, kleiner Faulpelz, komm schon, wir drehen eine Runde!", motivierte ich meine Sheltie-Hündin.

Die ließ sich das wahrlich nicht zweimal sagen, denn was gibt es – außer ihrem über alles geliebten Fressen natürlich – Schöneres, als mit Herrchen und Frauchen ausgiebig Gassi zu gehen. Flugs hüpfte sie auf die dritte Stufe unserer Treppe, die berühmte „Anleinstufe", wo traditionell jenes Ritual des Halsband-Anlegens zelebriert wird. Doch diesmal bekam sie nicht ihr normales Halsband, sondern das Sicherheitsgeschirr für das Auto verpasst, da wir mit dem Wagen bis zu einem Parkplatz nahe der Isarauen fahren würden. Während meine Frau das Auto holte, tippelte Sandy schon ganz ungeduldig auf ihren vier Pfoten hin und her und unterstrich ihre Aufregung noch durch eine paar auffordernde Wuffer, die uns eindringlich klarmachen sollten: „Wann geht es denn nun endlich los!"

Indes, der ungeduldige Hund musste nicht länger warten, denn das Auto stand inzwischen vor der Türe, und somit konnte die Gassi-Tour auch sofort starten. Haustür auf, Autotür auf, ein Satz, und schon stand Sandy bereit zum Angurten auf dem Rücksitz unseres Wagens. Und klick, war der kleine Hund angegurtet. Los ging es. Und natürlich folgte wie jedes Mal schon nach kurzer Fahrzeit ein durchdringendes Winseln von hinten an mein Ohr. Da konnte es wieder einmal jemand nicht erwarten!

„Ruhe jetzt!", rief ich leicht genervt und mit lauter Stimme nach hinten. Indes erzielte meine Ermahnung nur für kurze Zeit seine Wirkung, denn die innere Unruhe, gepaart mit einer Vorfreude auf das, was da in Bälde kommen würde, entlockten dem kleinen Racker alsbald wieder leise und verzückende Quietschtöne. Doch ich ließ sie gewähren, denn inzwischen waren wir auf dem Parkplatz am Isarkanal angekommen, dort wo sich der Eingang zum Flaucherpark befindet. Isar-auen, wir kommen!

Unser Weg führte uns über eine alte Holzbrücke, die Schinderbrücke, wo wir auch gleich die erste Begeg-nung mit einem anderen Hund hatten. Es war ein sonderbarer Mischling halbgroßer Statur, bei dem sich das tatkräftige Mitwirken der verschiedensten Hunderassen in seinem Stammbaum erahnen ließ, am ehesten mag wohl ein Schäferhund mit im Spiel gewesen sein.

Ja, die Isarauen sind wahrlich ein äußerst beliebter Ort für Spaziergänge mit Hunden, da die Vierbeiner sich dort nach Herzenslust austoben und ihrem Drang nach Bewegung voll ausleben können. So trifft man in den Isarauen geschätzt alle fünfzig Meter auf einen Hund, und dementsprechend sind spannende Begegnungen und vergnügte Hunde-Tollereien an der Tagesordnung. Ein willkommener Ort der Kommunikation für Hund *und* Herrchen. Zeit für ein anregendes

Schwätzchen, während die Hunde fröhlich miteinander rumtoben und über die Wiesen sausen.

Doch meine kleine Sandy drängte es weiter, denn alles war aufregend und interessant hier, und so ließ sie ihre neue Bekanntschaft nach einem kurzen „Hi, wie geht's?" rasch links liegen.

Gleich nach der Schinderbrücke bogen wir scharf rechts ein und trafen alsbald auf den Biergarten an der Isarbrücke, wo sich unzählige Biergartenbesucher ein erfrischend kühles Maß Bier gönnten.

„Die haben es gut!", dachte ich mir insgeheim, „das würde mir jetzt wahrlich auch munden!", wohl wissend, dass diese Wohltat mir erst am Ende unseres ausgiebigen Spaziergangs vergönnt war.

„Los jetzt, lass dich bloß nicht ablenken!", bekam ich auch sogleich von meiner besseren Hälfte instruiert, und bekräftigt wurde diese eindringliche Aufforderung noch durch ein appellierendes Bellen seitens meiner kleinen Sandy.

„Zwei gegen einen, das ist echt unfair!", dachte ich mir leicht mürrisch, „aber da habe ich wohl keine Chance", und trottete den beiden Damen missmutig hinterher.

Unser Weg führte uns noch durch ein kurzes Stück Wald, in dem sich inzwischen die buntesten Herbstfarben entfalteten, dann trafen wir auch schon auf den Flauchersteg.

Ein patschnasser Golden Retriever kam uns auf dem Steg entgegen, der hatte anscheinend gerade ausführlich in der Isar gebadet.

„Jetzt bloß nicht schütteln, du nasses Stück Fell!", dachte ich bei mir, wohl wissend, dass dies eine ordentliche Dusche für mich bedeuten würde. Zum Glück kam ich jedoch mit trockener Haut davon.

Alsbald hatten wir auf dem Flauchersteg jene steile Treppe erreicht, die hinunter führt in das raue Kiesbett der Isar, dort, wo die Landschaft durch die Re-Naturisierung des Flusses seinen naturnahen Charakter zurück erhalten hat. Das Flussbett wird hier durch ausgedehnte Kiesbänke eingesäumt, die als willkommene Inseln für Sonnenanbeter dienen. Die direkt an das Ufer grenzenden Auwälder mit ihrer verwilderten Vegetation besitzen einen wild-romantischen Flair und runden das Bild einer naturbelassenen Landschaft in wunderbarer Weise ab.

Und genau dorthin führte nun unser Ziel, hinunter zur klaren Isar, und so stiegen wir beherzt die Treppe hinab auf ihr wildes Kiesbett, allen voran natürlich Sandy, die es kaum noch erwarten konnte, auf dem weiten Ufer der Isar umher zu rennen und im seichten Isarwasser herum zu plantschen.

Gleich unterhalb der Flaucherstegs, just an der Stelle, an der wir zum Isarufer hinunter gestiegen waren, befindet sich ein Wehr, an das ein stilles Gewässer angrenzt. Dieser Tümpel ist ein Tummelplatz für Enten und Schwäne, die sich hier in großer Zahl aufhalten. Diese gewitzten Vögel sind so zahm, dass sie bedenkenlos dem Menschen aus der Hand fressen und sich auch überhaupt nicht scheuen, ganz ungeniert nach Futter zu betteln.

Futter! Ja, das hatte natürlich unsere kleine Sandy sofort entdeckt, dass da vielleicht was zu holen wäre für sie. Nicht, dass sie Interesse hätte, die Wasservögel zu jagen, nein, die verlockten sie überhaupt nicht. Das gute Futter, das die Vögel von tierlieben Menschen gereicht bekamen, *das* war das wahre Zentrum ihres Interesses.

„Da muss doch was zu holen sein!", malte sich ihr kleines Hundehirn in lebhafter Weise aus und so begab sie sich schnellen Schrittes an den verheißungsvollen Futterplatz. Schnupper, schnupper, schnupper doch Pech gehabt, kleiner Hund, da war leider nichts mehr übrig für dich.

„Dann eben nicht!", dachte sie sich und tröstete sich mit einem Schluck des erfrischend kalten Wassers, wobei sie sich nicht von den heran schwimmenden Schwänen stören ließ, die ihr doch bedenklich nahe kamen. Indes, die Wasservögel interessierten Sandy nicht im Geringsten, zumal sie von weißer Farbe sind, was nun überhaupt nicht in ihr Beuteschema passt. Ja, wenn die Schwäne schwarz und ein bisschen kleiner gewesen wären, dann vielleicht, aber so …

„Pfff, was wollen denn die komischen Viecher da, ich will jetzt in Ruhe trinken!", dachte sie sich ganz cool.

So entstand ein urkomisch anzusehendes Bild eines friedlichen Nebeneinanders zwischen Schwan und Hund. So etwas hatte ich bis dato auch noch nicht gesehen. Höchst ungewöhnlich, aber warum eigentlich nicht? Der fehlende Jagdtrieb unserer kleinen Sandy hat so beim Gassi-Gehen auch sein Gutes; dieses verläuft vollkommen stressfrei, auch im Wald. Dafür ist ihr Schutz- und Hütetrieb umso deutlicher ausgeprägt. Wehe, da nähert sich jemand unserem Haus, der da nicht hingehört! Der wird nach Strich und Faden zusammengebellt! Das finde ich richtig klasse, so muss es sein! Aber das nur am Rande.

Nach dem ausgiebigen „Umtrunk" sollte der kleine Racker dann doch noch zu ein paar Leckerlis kommen. Eine liebenswürdige alte Dame wurde auf sie aufmerksam und stellte fachkundig fest, dass es sich bei der kleinen Sandy um einen Sheltie handelte. Kein Wunder, denn sie begann sogleich zu erzählen, dass sie früher auch einen Collie gehabt hätte. Und es kam natürlich, wie es kommen musste: Sie gab der kleinen Sandy etwas aus ihrer großen Tüte, denn der „arme" Hund schaute sie an, als ob er tagelang nichts zu fressen bekommen hätte. Wie immer, wenn es ums Fressen ging, zeigte sich Sandy wieder mal von ihrer allerbesten Seite. Ihre kleinen Kulleraugen begannen zu leuchten und sie drückte ihre weiße Brust auf anmutige Weise heraus; welcher tierliebende Mensch kann da schon widerstehen, schon gar nicht so eine liebevolle, alte Oma.

Ja, das hatte sie fürwahr voll drauf! Die Leckerlis, bestehend aus Vollkornbrot und eigentlich für die Enten und Schwäne gedacht, landeten statt dessen im Magen des kleinen Schwerenöters. Die Enten und Schwäne mögen diesen „Futterdiebstahl" verzeihen, indes bestand wohl angesichts der vielen Tierfreunde, die sie tagtäglich fütterten, keine Gefahr, dass sie verhungern mussten.

„Los jetzt, weiter geht's!" wies ich Sandy an, die angesichts der verlockenden Leckereien sichtlich missmutig antrabte.

Und so marschierten wir weiter, dem steinigen Isarbett folgend. Man konnte hier kilometerweit am Isarufer entlang flanieren und dem beruhigenden Rauschen der Isar lauschen. Natürlich trifft man irgendwann zwangsläufig auch auf die berühmten „Nackerten", die sich hier in aller Freizügigkeit dem Sonnenbaden frönen. Ja, „gschamig", wie wir Bayern zu sagen pflegen, darf man bei einem Spaziergang am Isarufer wahrlich nicht sein. Außerdem sind die ausgedehnten Kiesbänke ein beliebter Treff für Jung und Alt, die dort Picknick machen, grillen, feiern und gemeinsam singen. Es ist einfach schön hier.

Inzwischen zog ein frischer, kühlender Wind angenehm vom Norden kommend auf. Dies verhieß uns eine wohltuende Erfrischung bei den gefühlten 25 Grad, die es inzwischen hatte.

„Auf jetzt, lass uns ins Wasser gehen!", forderte ich den kleinen Hund auf, entledigte mich meiner Socken und Schuhe und krempelte meine Hose soweit hinauf, wie es eben ging. Über ein paar große Steinbrocken balancierend, tastete ich mich langsam in das seichte Isarwasser hinein, das doch erstaunlich kalt war. Klein-Sandy folgte mir auf dem Fuß ins frische Nass, während meine Frau vom Ufer aus unser buntes Treiben beobachtete.

„Hoppla, da wäre ich doch ums Haar ausgerutscht, gerade noch mal gut gegangen!"

Indes, meine Frau hätte sich dann doch einer gewissen Schadenfreude nicht erwehren können, wenn ich ins Wasser geklatscht wäre. Aber den Gefallen tat ich ihr nicht, zumindest hatte ich es nicht vor.

Die kleine Sandy fühlte sich inzwischen pudelwohl in diesen seichten Flussrinnen, die das Kiesbett der Isar hier durchziehen. Hier war das Wasser gerade so tief, dass sie darin herumplantschen konnte, ohne schwimmen zu müssen. Das nämlich ist so gar nicht ihr Ding. So beschwerte sie sich auch sogleich ziemlich lautstark, als ich in tiefere Stellen hinauswatete, wohl wissend, dass sie mir hier, ohne zu schwimmen, nicht folgen konnte. Was nun folgte, war mir von vorne herein klar: empörtes Protestgebell, das umso lauter wurde, je weiter ich mich entfernte.

„Na los, komm halt rüber zu mir, es geht ganz einfach, brauchst nur mit den Pfoten zu paddeln!", lockte ich sie.

Indes ließ sich Sandy durch nichts zum Schwimmen überreden, sondern beschränkte sich weiterhin auf ihr ohrenbetäubendes Bellkonzert. Ich watete zurück zum Ufer, da es mir inzwischen reichlich frisch an den Unterschenkeln geworden war und ich den lautstarken Darbietungen des vierbeinigen „Alleinunterhalters" langsam Einhalt gebieten wollte. Nachdem ich mich wieder in voller Montur befand, beschlossen wir, uns in die berühmten Büsche zu schlagen und drangen in die dichten Auwälder am Rande der Isar ein.

Impressionen vom Isarufer

Wir trafen sogleich auf einen Waldweg, der entlang der Isar führte. Inmitten verwilderter Vegetation konnte man diesem Weg kilometerweit mit dem Fahrrad oder zu Fuß dem Fluss entlang folgen. Der kleine Hund fühlte sich hier natürlich sofort wie im siebten Himmel.

„Das ist ein echt toller Waldweg, wo man richtig schön sausen kann! Und außerdem trifft man hier bestimmt wieder interessante Artgenossen, superklasse!", stellte sie mit großer Zufriedenheit fest.

Und es vergingen tatsächlich keine fünf Minuten, da trafen wir auch schon auf den ersten Hund. Sandy demonstrierte mit einer bewusst lockeren Gangart ihr hohes Selbstbewusstsein, als wollte sie sagen: „Schau her, hier komme ich." Zu ihrer Freude war es einer ihrer „großen Verwandten", ein wunderhübscher, goldfarbener Collie, was für ein schöner Kerl! Indes war die Kommunikation zwischen den beiden Hunden nur von kurzer Dauer, drängte es die neugierige Sandy doch weiter, dorthin, wo neue, unbekannte Ecken und Büsche und wo viele berückende Gerüche lockten. Was mochte die Nase unserer kleinen Hündin wohl alles aufsaugen, während sie aufgeregt schnuppernd über den weichen Waldweg lief?

Zwischenzeitlich animierten wir Sandy zu ihrem so gerne praktizierten „Sprintspiel", wobei sie freudig in vollem Lauf vom einen zum anderen hin und her rannte, immer und immer wieder, solange, bis ihre Zunge fast schon den Boden zu streifen drohte. Ja, es ging ihr, und natürlich auch uns, so richtig gut. Ich startete nochmals einen Versuch, ein Stöckchen zu werfen, das sie doch bitte schön apportieren sollte, aber wie vermutet, natürlich vergebens. Sie hatte das in der Vergangenheit bereits schon nicht gemacht. „Egal", dachte ich bei mir, „dann halt nicht."

Als der kleine Racker sich wieder mal einen Tick zu weit von uns entfernt hatte, machen wir unser altbekanntes Versteckspiel. Dabei springen wir schnell hinter einen Baum und verstecken uns.

„Mensch, die sind ja weg! Schnell suchen!", merkte man ihrem beunruhigtem Gesichtsausdruck an. Aufgeregt pirschte sie hin und her, bis sie uns endlich gefunden hatte.

„Hab euch!", erklärte sie freudestrahlend und machte sich sofort wieder ab ins Gebüsch.

So liefen wir eine ganze Weile, bis ich für mich beschloss, dass es nun Zeit wäre für eine Erfrischung „von innen", sprich, ein kühles Maß Bier im Flaucher Biergarten. Nach der obligatorischen Diskussion darüber, ob wir nicht doch noch ein Stück weitermarschieren sollten, konnte ich mich durchsetzen, und so schlugen wir zielstrebig den Weg in Richtung Flaucher Biergarten ein, der zu meiner Freude auch schon bald in Sichtweite kam. Diese „Belohnung" als krönender Abschluss eines ausführlichen Ausflugs in die Isarauen musste einfach sein, da war ich eisern und absolut unnachgiebig, das hatte ich mir verdient.

Denn was gibt es auf dieser Welt denn Schöneres als ein kühles Maß Münchner Bier, eine Riesenbrezel, einen würzigen Radi, frischen Obatzda oder auch ein halbes Hendl in einem schattigen Biergarten unter dem kühlenden Dach mächtiger, alter Kastanien. Dieses Lebensgefühl ist absolut einmalig auf der ganzen Welt und gibt es wirklich nur hier in München. Und das hat wahrlich nichts mit Lokalpatriotismus zu tun, nein, es ist einfach so, dass nirgendwo anders die Biergartenatmosphäre so urtümlich und authentisch wie in Bayerns Hauptstadt ist.

Schon als wir die Pforte des Flaucher Biergartens betraten, die uns in großen Lettern herzlich willkommen hieß, drang der verlockende Duft von frisch gebratenem Steckerlfisch in unsere Nasen, und von weiter hinten erklang handgemachte, bayrische Blasmusik, so wie es eben in einem zünftigen Biergarten sein muss. Und da stand es nun auch schon, mein langersehntes, kühles Hopfengetränk im Ein-Liter-Krug.

Wir hatten uns dazu noch gemeinsam einen Wurstsalat und eine Riesenbrezel geleistet, wobei ich, wenn meine Frau gerade mal wegschaute, etwas von der guten Wurst heimlich nach unten Richtung Sandy reichte. Die freute sich natürlich sichtlich darüber und machte brav „Männchen", in der Hoffnung, dass da noch weiterer Nachschlag kommen würde. Natürlich erwischte mich meine Frau bei meiner nicht genehmigten Raubtierfütterung und beschwerte sich auch prompt darüber, während Klein Sandy derweil immer noch nah bei mir saß und ihren altbekannten „Hypnoseblick" aufsetzte, ganz nach dem Motto „Na los, lass noch einmal was runter fallen!"

Das merkte auch der Welpe von nebenan, ein niedlicher, kleiner Mischling, der sich natürlich prompt zu Sandy gesellte.

Kleine Welpen haben so etwas magisch Anziehendes an sich, dass man sie sofort in den Arm nehmen und knuddeln möchte. Auch ich konnte dieser Verlockung nicht widerstehen, den wuscheligen, kleinen Kerl zu streicheln. Das passte der kleinen Sandy nun aber gar nicht, und so drängte sie sich vehement zwischen dem kleinen Kerl und mir und machte mir damit unmissverständlich klar: „Hey! Fremdgehen, das geht gar nicht! Die Nummer Eins bei dir bin ich und kein anderer Hund! Also Finger weg!"

So verging die Zeit an diesem geruhsamen Ort wie im Fluge, erfüllt von einem angenehmen Wohlgefühl, das den ganzen Körper einnimmt, und am Ende blieb es dann doch nicht bei dem einen Bier, war ja eh klar. In deutlich schwankendem Gang trat ich also den Weg zu unserem Auto an, zur Linken meine geliebte Frau, zehn Meter weiter vorne ein quirliges Wollknäuel, das noch jede Duftmarke beschnuppern musste, die dort so mancher Hund am Wegesrand gesetzt hatte. Zum Glück trank meine Frau nur Mineralwasser, so dass ich mir diesen kühlenden Hopfengenuss ganz ohne Reue gönnen durfte. Nach einer kurzen Autofahrt, bei der der Hund auf dem Rücksitz bereits in einen seligen und tiefen Schlaf gefallen war, kamen wir wohlbehalten wieder in unserem Zuhause an.

Das war ein richtig toller Tag, wir waren hinterher zwar alle ziemlich geschafft, aber glücklich!

Post von Robby

Ich habe es mir zur lieben Gewohnheit gemacht, meinem guten Freund und Redakteurskollegen Heinz jedes Mal zu Weihnachten als kleines Dankeschön ein Präsent zu schicken für all die wertvolle Hilfe, die er mir in der Zeit meines freiberuflichen Daseins als Journalist hat zukommen lassen. Er hat es verdient, allemal, das sei an dieser Stelle erwähnt.

So rückte auch diesmal das Weihnachtsfest unbarmherzig näher und ich wusste nicht recht, was ich ihm denn schicken könnte, das ihm eine Freude bereiten würde. So kam mir die Idee, dass ich diesmal nicht ihn, sondern seinen kleinen Mischlings-Jagdhund Robby mit einem Geschenk beglücken könnte.

Der stämmige Rüde Robby musste dem Aussehen nach eine seltsame Mischung aus Münsterländer und Golden Retriever sein, zusätzlich gewürzt mit einigen interessanten Zutaten anderer Rassen. Als Resultat dieser mannigfaltigen Mixtur entstand ein Hund mit einem richtig tollen Wesen, aber, zum Leidwesen seines Besitzer, auch ein wilder und leidenschaftlichen Jäger. Indes tröstete der gute Heinz sich damit, dass auf dieser Welt schon alles seinen Sinn haben wird, so auch das.

Also, gesagt getan, suchte ich auch schon den nahe gelegenen Hundeladen auf, um für den kleinen Racker einige Goodies einzukaufen.

„Hundekekse und ein paar Sachen zum Spielen, na also, das passt doch!", dachte ich mir zufrieden.

Rasch die ganzen Hundeleckerbissen in ein Paket verpackt und, da es natürlich wieder mal „fünf vor zwölf" war, musste das Ganze per Express-Post raus, damit es auch ja noch rechtzeitig vor Weihnachten ankommen würde. Und es kam an! Wenig später, einige Tage nach Weihnachten, bekam ich dann auch prompt von Heinz einen netten Brief zugeschickt, der von seinem kleinen Mischlings-Jagdhund Robby „geschrieben" worden war. Ich war so entzückt über den kleinen Brief, dass ich ihn, mit freundlicher Genehmigung seines Herrchens, hier kurz aufführen möchte.

„Heute morgen um zehn Uhr klingelte ein gelber Mann uns alle aus dem Schlaf! Ich habe kräftigst gebellt, schließlich muss ich mein Herrchen und seine Familie bewachen, und diesen komischen gelben Typen hatte ich noch nie gesehen. Außerdem ist doch heute Sonntag! Na ja, da kam auch schon mein Herrchen die Treppe herunter und öffnete dem Typ; er grüßte den sogar ganz freundlich. Da sah ich, dass der ein Päckchen brachte, wie das häufiger mal bei uns passiert, aber an einem Sonntag? Komisch! Als der Typ dann endlich weg war, hat mein Herrchen das Päckchen auf- und dann auch gleich wieder zugemacht und es vor mir sogar versteckt. Und dann abends, da haben wir alle vor unserem kleinen Weihnachtsbaum gesessen, da gab es lecker Essen für die Großen. Aber ich habe erstmal noch nichts bekommen, es war ja noch zu früh.  Doch da lag dieses Päckchen unter dem Weihnachts- baum und das roch gar nicht mal schlecht. Ich also hin und meinen Rüssel erstmal rein gezwängt – hm, lecker Kekse! Und dann die vielen bunten Spielsachen, ja, ist denn heute Weihnachten? Stimmt, heute ist Weihnachten, und ein Mensch aus dem fernen Mün- chen hat an mich gedacht. Einer, der mich gar nicht kennt, sondern nur mein Herrchen. Das finde ich rich- tig toll und dafür will ich mich mit diesem Brief auch ganz herzlich bedanken. Ich wünsche Dir und Deinem kleinen Hund Sandy ein tolles Weihnachten mit ganz viel Keksen und noch viel mehr Spielzeug als ich jetzt habe, und natürlich ein tolles neues Jahr. Dein Robby. Mein Herrchen lässt auch schön grüßen und alles Gute für Dich, Deiner Frau und der kleinen Sandy wünschen!"

„Danke, lieber Robby, das wünschen wir Dir und Deinem Herrchen ebenfalls."

Wo sind denn bloß die Hosen geblieben?

Unsere kleine Sandy stammt aus einer privaten Sheltie-Liebhaberzucht und hatte das große Glück, in einer behüteten, familiären Umgebung aufwachsen zu können. Die Züchterin Andrea ist wirklich ein Glücksfall für die Hunde und ihre Besitzer, gibt sie sich doch wirklich alle erdenkliche Mühe und steht den neuen Sheltie-Haltern auch nach Jahren noch hilfreich mit Rat und Tat zur Seite. Zudem haben sie und ihr Mann es sich zur lieben Gewohnheit werden lassen, ein alljährliches Welpentreffen im Sommer zu veranstalten. Klasse Sache, wir freuen uns jedes Mal sehr darauf, die ganze Hunde- und Menschenmeute wieder einmal sehen zu können.

Hielt sich die ersten Jahre die Anzahl der Shelties noch im überschaubaren Rahmen, rannten schon vier Jahre später gut und gerne zwanzig Shelties durch den großzügig angelegten Garten. Kein Wunder, denn man war bei der Black-Delight-Shelties-Zucht inzwischen schon beim C-Wurf angelangt, diesmal mit Sheltie-Welpen in der malerischen Farbe Blue-Merle. Und irgendeiner aus dieser vierbeinigen Meute fand immer einen Anlass zum Bellen, fürwahr, so dass dieser Tag aus einem Dauerkonzert in verschiedenen Tonlagen bestand. Aber so ist das eben, wenn sich eine Meute Shelties zum fröhlichen Stelldichein trifft.

Chelly mit Papa Danny

Und nun war es bald wieder so weit. Das vierte Sheltie-Familientreffen stand kurz bevor. Wir wussten, was uns da erwarten würde – lauter wunderschöne Shelties, teilweise hoch prämierte Ausstellungssieger, auf die ihre Besitzer mit Fug und Recht stolz sein durften. Stolze Hunde und stolze Besitzer. Und unsere kleine Sheltie-Dame war eben „nur" ein reiner, aber überaus glücklicher Familienhund und hatte nichts dergleichen vorzuweisen. Keine Preise, keine Auszeichnungen, keine Ehren, er war eben ganz einfach nur ein Hund. Trotzdem wurmte es uns dann doch ein kleines bisschen, denn unsere kleine Sandy mit ihren großartigen Charaktereigenschaften brauchte sich nicht zu verstecken, wahrlich nicht!

„Denen zeigen wir es heuer, die werden staunen und große Augen machen!", dachten wir uns und beschlossen frischen Mutes, entsprechende Maßnahmen für ein perfektes Styling unserer kleinen Sheltie-Prinzessin zu ergreifen.

Einmal so richtig glänzen mit einer perfekt gestylten Sandy, ja, das wollten wir! Also sahen wir das Münchner Branchenbuch durch und bestellten sogleich eine professionelle Hundefriseurin. Und sie kam, die gute Frau! Und sie meinte es gut, irgendwie viel zu gut! Und rasierte, und rasierte und rasierte, frisch und munter, aus vollem Herzen.

„Es ist Sommer, der Hund braucht Luft im Fell!", hörte ich sie mit resoluter Stimme sagen.

Der ganze Akt war für uns beide leicht befremdlich und wir waren total überrumpelt mit dieser neuen Situation. Bevor wir es uns versahen, waren sie schnipp, schnapp weg, des Shelties größter Stolz, sein Beinkleid, auch treffend „Hosen" genannt.

„Oje!", dachte ich mir, „wo doch gerade unser Hund immer die schönsten Hosen aus seinem Wurf hatte. Na klasse!"

Und schließlich, nach erfolgter Frisur, sah der kleine Hund aus wie eine zu groß geratene Ratte. Indes, der kleinen Sandy war das vollkommen egal, sie war froh, als sie die Tortur hinter sich gebracht hatte.

„Jetzt nichts wie runter von dem Tisch, genug rum-
geschnippelt an mir!" sah ich ihrem mürrischen Sheltie-Gesicht ganz deutlich an, wobei sie ihr Unbehagen
noch durch ein leises, aber bestimmtes Knurren unterstrich.

Au weia! Ein ordentlicher Anpfiff von unserer
Züchterin Andrea war so sicher wie das Amen in der
Kirche, und vielleicht auch ein Stück weit zu Recht.
Wir waren sogar schon fast soweit, unseren Besuch
abzusagen, doch zum einen waren wir im letzten Jahr
schon verhindert gewesen und zum anderen freute ich
mich schon auf das Wiedersehen mit dem Rest der
Rasselbande und war schon ganz gespannt auf die
neuen Welpen des C-Wurfs. Und außerdem war es für
Sandy jedes Mal ein Freudenfest, ihre zwei- und vierbeinigen Eltern und Geschwister wieder zu sehen, das
wollten wir ihr dann auch nicht vorenthalten. Es ist
erstaunlich, wie groß ihre Freude jedes Mal war, sie
schien alle noch richtig gut zu kennen.

„Also gut, packen wir's an, der Kopf wird schon
dranbleiben", sagte ich zu meiner Frau, und los ging es
Richtung Adelzhausen, der Geburtsstätte der kleinen
Sandy.

Dort angekommen wurden wir, gänzlich ungewohnt,
diesmal nicht von einem vielstimmigen Gebell der
Sheltie-Rasselbande am Tor begrüßt. „Was ist los,
heute kein großes Orchester zur Begrüßung?", fragte
ich mich.

Wir erfuhren, dass die Züchterin Andrea mit dem
Rest der Sheltie-Truppe bereits losgezogen war zu

einem gemeinsamen Hunde-Spaziergang. Wir waren wieder einmal zu spät, wie immer eben.

„Uff!" dachte ich bei mir. „Dann fällt der Anpfiff zum Glück nicht so ausführlich aus."

Fiel er dann aber doch, und zwar aus dem Munde von Ferdl, dem Züchter-Papa, der sich angesichts der fehlenden Hosen von Sandy heftig die Hände über dem Kopf zusammenschlug.

„Ojemine, was ist denn das, was habt ihr bloß mit dem armen Hund gemacht?", sah man seinem verzweifelten Gesichtsausdruck an.

„Äähhh …", stammelte ich, mehr fiel mir dazu im Augenblick nicht ein.

Wir wurden immer kleiner und kleiner und wären am liebsten im Boden versunken. Aber was soll's, da mussten wir durch. Diesen Gang nach Canossa mussten wir hier und heute gehen. Zumal in Kürze noch Runde Zwei in Sachen Abreibung anstand, denn die nahende Autokolonne deutete auf ein Zurückkommen der Meute vom Ausflug in das Feld an.

„Oje! Jetzt kriegen wir noch mal richtig unser Fett ab!", sagte meine Frau zu mir, wussten wir doch, dass die Züchterin Andrea wirklich großen Wert auf das korrekte Outfit eines Shelties legt.

„Schlimmer noch, jetzt wird uns der Kopf abgerissen!", entgegnete ich ihr und bereitete mich seelisch schon auf eine Abreibung par excellence vor.

Aber zum Glück kam es dann doch nicht so schlimm, wie wir es befürchtet hatten. Natürlich war die gute Andrea beim ersten Anblick sichtlich entsetzt über den geschorenen Hund, nahm es dann aber doch mit einer gesunden Portion Humor. Beruhigend! Alles war wieder gut, die Wiedersehensfreude mit der kleinen Sandy hatte ihren Ärger rasch verfliegen lassen.

Zudem konnte uns eine Freundin der Züchterin beruhigen, dass der Pelz, also die begehrten Hosen, nach einiger Zeit wieder komplett nachwachsen und in altem Glanze erstrahlen würden, so wie es dann letztlich auch kam, auch wenn es bis dahin noch gut und gerne ein halbes Jahr dauern sollte.

Nach diesem ersten Schreck und der überstandenen „Haarwäsche" für uns konnte sodann einem ereignisreichen Sheltie-Familientreffen nichts mehr im Wege stehen.

So ein Familientreffen unter Shelties lief im Grunde immer nach einem ähnlichen Schema ab. So auch diesmal. Das erste, was anstand, war das obligatorische Ausfechten der Rangordnung. Danny, der Hausherr und Erzeuger vieler der anwesenden Shelties war natürlich unantastbar. Seine absolute Nummer-Eins-Stellung traute sich keiner von den Jungspunden anzufechten. Der gute Danny war in dieser Hinsicht absolut souverän, da brauchte wahrlich keiner versuchen, dagegen anzustinken. Na eben ganz der coole Chef! Und wenn doch mal einer den Versuch wagen sollte, dann gab es ordentlich was auf die Mütze!

Der Rest der Hundemeute machte sich jedoch eifrig daran, zu zeigen, wer hier wem was zu sagen hat, wobei die Welpen bei diesem Ritual außen vor blieben, weil sie noch besonderen Schutz genossen.

Und natürlich brachte das Rangordnungs-Spielchen auch dieses Mal wieder das gleiche Ergebnis. Ronny, der einzige Rüde des A-Wurfs, war von allen körperlich am kräftigsten gebaut und behielt wie früher schon die Oberhand in seinem Wurf. Wobei die etwas zu groß geratene Mira durchaus Ambitionen hatte, ihm diesen Platz streitig zu machen, dann aber doch des lieben Frieden willens zurücksteckte.

„Das ist den Stress nicht wert,", mag sie sich wohl gedacht haben, „lass den Ronny doch den Obermacker spielen. Wenn's `schee´ macht …"

Ihr folgte in der Rangordnung an Position Drei dann unsere Sandy. Das bemitleidenswerte Schlusslicht war auch dieses Mal wieder die absolut liebenswerte Mazy, die ein ganzes Stück kleiner gewachsen war als ihre Geschwister. Um nicht von den anderen gemobbt zu werden, machte sie das einzig Richtige und legte sich als Zeichen ihrer Unterordnung sofort auf den Rücken, sobald Stunk drohte. Mit dieser Demutsgeste gab sie ihren Geschwistern zu verstehen: „Schaut her, ich mache euch bestimmt keinen Ärger!"

So verging dieser herrliche Sheltie-Familientag dann auch wie im Fluge. Für die Zweibeiner (und natürlich auch für die Vierbeiner!) gab es jede Menge leckere Sachen zum Essen, zunächst Kaffee und Kuchen und am Abend dann köstliche Sachen vom Grill und eine Vielzahl wohlschmeckender Salate. Hmm! Einfach klasse, wie die Züchterin Andrea und ihr Ehemann das jedes Mal organisierten, dafür sei ihnen an dieser Stelle nochmals eine richtig große Portion Dank ausgesprochen!

Doch auch nicht-kulinarische Attraktionen standen diesmal auf der Tagesordnung, so zum Beispiel ein Ausflug ins Feld mit allen Hunden, ein Sheltie-Wettrennen, ein Hindernis-Parcours-Lauf für Herr und Hund, verschiedene Geschicklichkeitsübungen, um nur einiges zu nennen. Jede Menge Spaß und Spannung war garantiert! Abgerundet wurde der Tag dann noch durch nützliche Tipps und interessante Neuigkeiten rund um den Sheltie. Ach ja, halt, nicht zu vergessen das obligatorische Gruppenfoto – ein Stück bleibende Erinnerung für spätere Tage musste natürlich sein!

So konnte man sich ganzen Tag an einer großen Schar an Shelties erfreuen, die sich quietschfidel auf dem großflächigen Rasen tummelten, mal gemächlich umherschnuppernd, ein anders Mal sich in einer wilden Verfolgungsjagd jagend und schließlich wieder ganz relaxt in der Sonne aalend. Hier konnten sie unter ihresgleichen ganz Hund sein, was für ein Segen für die glücklichen Vierbeiner!

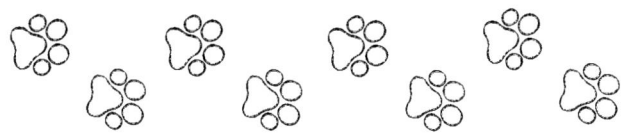

Eine kleine, höchst amüsante Anekdote aus diesem Sheltie-Familientreffen will ich noch kurz erzählen. Dass die unstillbare Gier nach Fressen offenbar keine spezielle Eigenart unserer Sandy ist, durfte ich diesmal auf höchst belustigende Weise herausfinden.

Wie immer hatte ich in meiner Westentasche einige der guten Leckerlis gebunkert, um sie zum Zwecke der Belohnung gleich griffbereit zu haben. Das hatte der gute Danny, seines Zeichens Sandys Papa, sehr schnell und mit detektivischer Beobachtung herausgefunden. Nun gut, als ich mich dann eine Zeit lang auf der Haustreppe zwecks einer kurzen Ruhepause niederließ, näherte sich mir der Schlingel auf unbemerkte Weise im Schleichgang seitlich von hinten. Das war absolute Profiarbeit – ich hatte wahrlich *nichts* gemerkt! Eindeutiges Ziel seiner Begierde war meine Westentasche, worin sich die guten Leckerlis befanden.

Sogleich folgte Phase Zwei in Sachen Erbeutung der begehrten Leckerlis. Seine geschmeidige Sheltie-Schnauze bohrte sich klammheimlich und mit äußerster Vorsicht in meine Seitentasche, und genauso vorsichtig versuchte er daraufhin, mir die begehrten Delikatessen aus der Tasche zu klauen. Einfach so, rotzfrech! Aber hallo! Not very British, my little Sheltie! Als ich den Spitzbuben bemerkte, war ihm das nicht etwa peinlich, nein, im Gegenteil, er versuchte sogleich mir durch aufforderndes Bellen etwas vom dem guten Zeug zu entlocken.

„Nun rück schon was raus!", erklang es mit deutlich tieferer Stimme als ich das sonst gewohnt war.

Der gute Danny sah mich dabei mit jenem typisch charmanten Sheltie-Blick an, dem man als echter Hundefreund einfach nicht widerstehen kann. Natürlich wurde auch ich schwach, griff in die Seitentasche und gab ihm eines der begehrten Hunde-Schmackos ab. Indes, das hätte ich vielleicht doch lieber bleiben lassen sollen, denn daraufhin klebte der Sheltie-Rüde wie Uhu an mir, in der Hoffnung auf Mehr. Da half am Ende nur eins, fluchtartig den bequemen Treppenplatz zu verlassen und mich schleunigst hinweg zu tummeln.

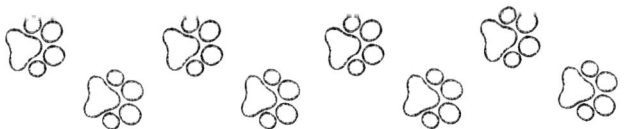

Aber irgendwann geht auch der schönste Tag einmal zu Ende, so auch heute. Man merkte langsam die Aufbruchstimmung, die Zwei- und Vierbeinern gleichermaßen erfasst hatte. Die Hunde waren natürlich längst nicht mehr so temperamentvoll wie zu Beginn des Tages und drehten nun gemächlich ihre letzte Runde über den grünen Rasen. Sie hatten sich ordentlich ausgepowert, dabei mit Herzenslust herumgetobt, mit anderen Artgenossen herumgebalgt und alles in allem einen Riesen-Spaß dabei gehabt.

Richtig schade, dass dieser schöne Tag schon wieder vorbei war! Aber wie bei allem im Leben, alles hat einmal sein Ende, nur die Wurst hat bekanntermaßen zwei. Nach einer herzlichen Verabschiedung blieb indes das Gefühl, einen wunderbaren Tag zusammen mit lieben Menschen und bezaubernden Hunden erlebt zu haben.

Nun aber rasch ins Auto eingestiegen, die kleine Sandy sicher angegurtet und los ging die Fahrt in Richtung Heimat. So dauerte es denn auch keine fünf Minuten, bis der kleine Hund in einen seligen Schlaf der Erschöpfung fiel angesichts dieses ereignisreichen Tages.

So bleibt mir zum Abschluss noch ein letztes Wort zu sagen: Liebe Andrea und Ferdl, vielen Dank für Eure Mühe! Wir freuen uns auf viele weitere Sheltie-Familientreffen, die uns die Zukunft vielleicht noch bringen wird.

DREIUNDDREISSIG

Unterwegs auf alten Pfaden
- oder -
Die Geschichte endet
mit einem kurzen Blick zurück

Selbst wenn man schon vor langer Zeit fort gegangen ist von jenem Ort, den man einst sein Zuhause nannte, dem Ort, wo man geboren wurde und die Zeit seiner Jugend verbracht hat, so bleibt dieser Ort doch immer als ein Stück Heimat in unserem Herzen erhalten. Die Zeit mag dort vieles verändert haben, oftmals auf schmerzlich unwiederbringliche Weise, dennoch findet man bei genauem Hinsehen selbst nach Jahren noch alte Spuren von damals, und seien es nur Momente der Erinnerung, die sich in der vertrauten Umgebung unweigerlich einstellen.

So führte auch mich mein Weg wieder zurück in jene verträumte kleine Stadt auf der Schwäbischen Alb, jenes Stück Erde, das so eindrucksvoll geprägt wird durch seine anmutigen Hügelketten und geheimnisvoll verschlungenen Täler, seine üppigen Mischwälder und prachtvollen Wiesenlandschaften. Dort, wo die Winter kalt waren, irgendwie kälter als sonst wo. Und wo den kalten und schneereichen Wintern stets warme und angenehme Sommertage folgten.

Ich spürte, wie meine Erinnerungen an diese Zeit so langsam wieder erwachten. Ich war jung und unbekümmert, gerade einmal zwölf Jahre alt, und die Tage waren einzigartig, damals, zu Beginn der 70er Jahre. Ach, wie wunderbar waren sie doch, die Sommerferien zu jener Zeit! Sechs lange Wochen, geprägt von Abenteuer, Entdeckungsdrang und unbekümmerter Freude. Die Welt war so unendlich weit und grenzenlos, gleichsam spannend und unerforscht und gerade zu geschaffen für einen unbeschwerten jungen Menschen wie ich einer war, mit seiner ihm eigenen Leichtigkeit des Seins.

Und bei all meinen Erlebnissen in dieser Zeit wurde ich stets begleitet von dem treuesten aller Gefährten,

 meinem Hund Bobby. Ein wunderschöner kleiner, weißer Zwergspitz, der nie von meiner Seite wich. Was für eine treue Seele von Hund! Spontan tauchten wundervolle Bilder auf. Ich erinnerte mich noch genau an die alte Steintreppe vor unserem Haus. Ich saß immer dort und las in dem neuesten Micky-Maus-Heftchen, während Bobby behaglich neben mir in der Sonne döste.

Unvergesslich geblieben sind mir auch die unzähligen, gemeinsamen Entdeckungsreisen in den nahe gelegenen Wald. Wie viel Spannendes und Neues gab es da für ein Kind und einen kleinen Hund zu ergründen und zu beschnuppern! Viele Geschichten könnte ich darüber erzählen, sie würden wohl ein eigenes Buch füllen. Das alles ist nun schon unheimlich lange her, bald werden es 40 Jahre sein, und doch, irgendwie ist alles immerwährend gegenwärtig in meiner Erinnerung geblieben.

Und heute, ein halbes Menschenleben später, war es wieder Sommer und ich stand hier an dem Ort meiner Jugend, nicht ohne etwas Wehmut und Melancholie zu verspüren. So machte ich mich auf, mit dem Ziel, auf alten Pfaden zu wandeln und mich auf die Suche nach einem Stück längst vergangener Zeit zu begeben.

Mein kleiner Bobby hatte natürlich schon vor langer Zeit seinen verdienten Platz im Hundehimmel gefunden. Dafür begleitete mich heute meine quirlige Sheltie-Hündin Sandy, mit der ich mich sogleich auf den Weg in den nahe gelegenen Wald machte, der mir noch so vertraut war. Auf den ersten Blick schien sich nicht viel verändert zu haben. Ich bewunderte die uralten Eichen mit ihren knorrigen Ästen am Straßenrand, die noch immer jedem Wind und Wetter standhaft trotzten. Wir hatten nur noch ein paar Schritte zu gehen, dann öffneten sich auch schon die dichten Tore des Waldes und ließen sogleich jede Form der Zivilisation hinter sich.

Wenig hatte sich seitdem hier verändert. Es schien wahrlich so, als sei in diesem unberührten Stück Natur die Zeit stehen geblieben. Eine innere Ruhe und Zufriedenheit stellte sich alsbald bei mir ein. Wie oft war ich diesen Waldweg schon entlang gegangen? Zehn

Mal, hundert Mal? Nein, es waren wohl eher tausende von Male. Jeder Baum, jeder Strauch war mir so vertraut, als wäre er ein Stück von mir selbst. Da, die alte Buche, die meine Bekenntnisse der ersten Liebe für immer in sich eingeritzt trägt! Seit langer Zeit verschwommen und nicht mehr lesbar, war die Inschrift dahin gegangen, wie die erste Liebe eben auch. So vermischten sich längst vergessen geglaubte Gedanken und Bilder alsbald mit dem warmen Sommerwind, der mir wohltuend übers Gesicht wehte.

Indes, während ich so in meinen Gedanken versunken dahin schlenderte, fühlte sich meine kleine Sheltie-Hündin wie im siebten Himmel. Mit hoch gestelltem Schwanz durchforschte sie fieberhaft die neue und ihr noch unbekannte Gegend.

„Toll, alles neu hier! Jede Menge interessante Fährten und Gerüche!", stellte sie mit Wohlbehagen fest, wobei ihre kleine Schnuppernase aufgeregt auf dem Boden hin und her kreuzte. Was musste dieser weiche Waldboden einer feinen Hundenase doch für spannende Geschichten erzählen!

„Hey, das riecht hier aber verdammt nach einem Reh, und dort ist bestimmt vor kurzem ein Hase entlang gehoppelt", entnahm ich ihrem schlauen Sheltie-Blick.

„Na gut", dachte ich mir, „jetzt lass uns aber weiter gehen."

Nach wenigen Metern trafen wir auf ein kleines Rinnsal, das sich, wie früher schon, seinen Lauf quer über den Waldweg gesucht hatte. Reines, frisches

Quellwasser – und kalt! Wie gut das tat! Meine kleine Sandy ließ sich diese Erfrischung auf keinen Fall entgehen. Wie gerne wäre ich hier noch ein bisschen verweilt, doch Sandy drängte mich tatkräftig zum Weitergehen. Zu sehr lockte sie der Reiz der neuen und noch unerforschten Umgebung.

Bald schon ging der Waldweg in eine steile Steigung über und meine Schritte wurden langsamer. Entlang der Steigung zog sich eine dichte Hecke, die damals von einer Vielzahl von Vögeln bevölkert wurde. Ich gab ihr den sinnigen Namen „Vogelhecke". Auch hier hatte sich offenbar über all die Jahre nichts verändert, denn auch heute hörte ich ein fröhliches Zwitschern in mehreren Tonlagen aus Richtung der Hecke kommend.

Nun war ich gespannt, wie meine kleine Sandy sich hier verhalten würde. Und tatsächlich, genau wie es damals mein kleiner Zwergspitz Bobby zu tun pflegte,  war es auch für sie ein Heidenspaß, die Hecke mit lautem Gebell zu durchstreifen und alles, was Flügel hatte, aufzuscheuchen. Oben angekommen, schüttelte sie sich erst einmal kräftig und stolzierte dann mit geschwellter Brust und einer Miene der Genugtuung auf mich zu.

„Denen habe ich es aber gegeben!", war aus ihrem schelmischen Gesicht zu lesen, und sie erwartete sogleich, für ihre soeben vollbrachte „Heldentat" von mir ausgiebig gelobt zu werden.

Ich gab ihr die geforderte Anerkennung, wohl wissend, dass durch den Besuch der Hecke wieder einmal unzählige Zecken ihren Wirt gefunden hatten. Deren Glück war jedoch nicht von langer Dauer, denn angekommen auf der Bank, die immer noch dort am Waldesrand stand, befreite ich Sandy sofort von all den ungebetenen Gästen.

Und nun saß ich hier auf jenem alten Holzbänkchen am Waldesrand, wie damals, vor vielen, vielen Jahren.

 Noch stand es hier, doch wie lange noch? Inzwischen war es fast zerfallen, genauso wie meine Gedanken an diese Zeit. Und wie damals hatte ich auch heute einen Hund zu meinen Füßen liegen, der mit zufriedener Miene zu mir hochsah. Es war früher Nachmittag, und die Sonne brannte erbarmungslos herunter. Zum Glück hielten die nahe stehenden Eichen ihre schützenden Äste über uns und spendeten wohltuenden Schatten. „Habt Dank dafür, ihr guten Vertrauten aus alten Zeiten!", dachte ich bei mir.

Ich nahm mir etwas Zeit zum Verweilen und einen Blick zurück zu werfen. Ach, wie oft kam ich doch früher an diesen Platz, in schönen wie auch in bitteren Stunden. Stets auf der Suche nach Antworten auf all die Fragen, die an ein junges Leben gestellt wurden. Ich erinnerte mich noch genau, wie sich früher hier der unendlich weite Horizont geöffnet hatte und die Sicht bis fast ans Ende der Welt reichte. Ein Blick, der über unermesslich viele Kilometer hinweg über diese schöne, hügelige Alb, ihren Menschen, den Häusern, Bäumen und bunten Gärten führte. Ein wahres Labsal für die Seele.

Wie oft war ich damals hier einfach nur gesessen, Stunde um Stunde, mit nichts als meinem kleinen, roten Transistorradio bewaffnet und hatte aufmerksam dieser fantastisch neuen und aufregenden Musik gelauscht. Bubblegum, Flower Power, Rock'n Roll und all diese verrückten Sachen. Gelobt sei die Mittelwelle und das Radio Luxemburg! Was für eine schöne und vor allem unbeschwerte Zeit, trotz oder vielleicht gerade sogar wegen all der seelischen Achterbahnfahrten, die ein von der Pubertät bestimmtes Leben als angehender Teenager so mit sich brachte.

Ich schloss meine Augen und unwillkürlich tauchten eine Vielzahl an Bildern und Erinnerungen auf, unendlich viele Erinnerungen, teils verworren und geheimnisvoll, teils vertraut und ganz nah. Längst vergessene Träume und Sehnsüchte von damals kehrten in mein Gedächtnis zurück, verwegene Träume, manch verrückte Ideen und manch leidenschaftliche Sehnsüchte. Sehnsucht nach der Ferne und geheimnisvollen, fremden Ländern, gleichsam eine unbändige Sehnsucht nach aufrichtiger Freundschaft, unendlicher Freiheit und packenden Abenteuern.

Ja, ich war ein Träumer. Ein unverbesserlicher Träumer, der mit dem Fahrrad einmal um die Welt radeln wollte, wie es die Helden in meinen Büchern taten. Der die geheimnisvolle Welt der Südsee entdecken wollte, die Jack London einst so eindringlich beschrieben hatte. Der, wie einst Huckleberry Finn, auf einem Floß den mächtigen Mississippi herunter fahren wollte. Freiheit, Abenteuer und große Gefühle! Ja, wie unheimlich intensiv war meine kleine Phantasiewelt doch damals! Sie war indes Flucht und Rettung zugleich, denn außer meinem treuen Hund Bobby hatte ich keinen einzigen Freund, ich war immer allein. Und all diese wunderbaren Traumwelten halfen mir damals ein Stück weit über meinen tiefen Schmerz und meine Einsamkeit hinweg.

Als ich so dasaß, tief in mir selbst versunken, hörte ich im Gedanken längst vergessen geglaubte Klänge auf meiner Zeitreise in das Innerste meiner Seele. „Reflections of my life“, jener melancholische Song der Popgruppe „The Marmalade“, der inzwischen auch schon 40 Jahre alt geworden ist, beschreibt wohl am eindringlichsten dieses Gefühl des bittersüßen Weltschmerzes. Der deutsche Literat Jean Paul bemerkte dazu treffend: „Die Erinnerung ist das einzige Paradies, woraus wir nicht vertrieben werden können.“ Wie recht er doch hatte!

So vollkommen in mich selbst versunken ertappte ich mich dabei, wie ich die Stationen meines bisherigen Lebens vor meinem geistigen Auge Revue passieren ließ. Dabei stellte ich mir die schmerzliche Frage, ob ich, würde mir die Chance gegeben, alles noch einmal genauso machen würde, oder ob ich so manches Mal in meinem Leben eine andere Richtung eingeschlagen hätte. Nach einer Zeit des Nachdenkens kam ich zu der Erkenntnis: Hätte ich die Macht, die Uhr zurückzudrehen, würde ich tatsächlich meinem Leben eine etwas andere Richtung geben. Ich würde so manchen Fehler, den ich begangen hatte, versuchen zu vermeiden. Ich würde Menschen, die ich verletzt hatte, um Verzeihung bitten. Ich würde manchen Weg anders gehen, als ich ihn damals gegangen bin. Und ich würde so manche Entscheidung anders treffen als ich es tat. Aber auf der anderen Seite – wer weiß, wie dann mein Leben verlaufen wäre? Wäre ich heute glücklicher und zufriedener und mit weniger Sorgen behaftet? Man weiß es nicht und wird auch niemals endgültige Gewissheit darüber erlangen.

Von daher entschloss ich, nicht mit meinem Schicksal zu hadern, sondern meine Vergangenheit als Teil meiner selbst anzunehmen, sie zu akzeptieren, so wie sie war und den Blick nach vorne zu richten auf die Zukunft, auf eine Zeit, die da noch vor mir liegt. Und die mir wiederum Entscheidungen abverlangen wird, die zu treffen sind und die das Leben in eine bestimmte Richtung lenken werden. Aber vielleicht sind es ja gerade unsere Fehler, die uns als Mensch auszeichnen, die uns von einer kalten, emotionslosen Maschine unterscheiden, die ihre Entscheidungen auf Basis rein logischer Überlegungen trifft.

So verweilten wir eine Zeit lang an diesem beschaulichen Ort, ich versunken in meine Gedanken, der kleine Hund schon lange in einen süßen Hundetraum verfallen. Die Zeit schien still zu stehen, und Vergangenheit und Gegenwart verschmolzen unmerklich miteinander. Als ich langsam wieder in diese Welt zurück kehrte, war eine gute Stunde vergangen, oder war es am Ende gar eine Ewigkeit? Meine kleine Sandy bemerkte wohl, dass ich melancholisch wurde und teilte mir ihr Mitgefühl durch mehrere, tiefe Hundeseufzer mit.

„Ist ja gut, meine Kleine!", sagte ich zu ihrer Beruhigung und widmete mich wieder der Realität. Indes, eine traurige Realität. Wo früher die große Drachenwiese vor uns gelegen hatte, verschandelten heute unzählige, farblose und kalte Betonklötze die Sicht. Verschwunden war er mittlerweile für immer, der weite Horizont. Der ständige Drang des Menschen nach immer mehr Wohnraum hatte hier die Natur um ein weiteres Stück zurückgedrängt.

War doch diese Drachenwiese, die ihren Namen von all den vielen bunten Drachen bekommen hatte, die damals immer im Herbst hier aufstiegen, zugleich einer der Lieblingsorte meines kleinen Zwergspitzes Bobby. Ich sah den kleinen Kerl noch vor mir, so, als ob es heute wäre. Kaum angekommen, forderte mich mein kleiner Bobby immer sofort zu seinem so innig geliebten „Hol-den-Stock"-Spiel auf, dem ich jedes Mal nur zu gerne nachkam. Was war das für eine große Freude für den kleinen, bellenden Vierbeiner, das in hohem Bogen geworfene Stöckchen immer und immer wieder aufs Neue zu apportieren! Selbst meterhohes Gras stellte fürwahr kein Hindernis dar. Mit seiner ihm eigenen „Abgrastechnik" suchte er dabei systematisch eine gewisse Breite der Wiese auf und ab und wiederholte dieses Spiel, indem er sich bei jedem Mal einen Meter weiter nach vorne arbeitete. Auf diese Weise hatte er noch jedes Mal das geworfene Stöckchen gefunden, und sei es auch noch so weit entfernt gewesen. Ich bewunderte damals diese wahre Intelligenzleistung, hatte der kleine Hund doch eine gezielte und wohl durchdachte Methode entwickelt, um zum Erfolg zu kommen. Ich erinnerte mich noch ganz genau, wie amüsant dieses Schauspiel jedes Mal anzusehen war und konnte mir dabei ein Schmunzeln nicht verkneifen. So dauerte es mitunter bis zu fünf Minuten, bis Bobby das Stöckchen endlich gefunden hatte. Kaum gebracht, wurde ich durch aufgeregtes Bellen wieder zum sofortigen Werfen aufgefordert. Dieses Spiel konnte sich gut und gerne an die 25 Mal wiederholen, bis er endlich genug hatte und er sich zu meinen Füßen für eine kleine Ruhepause niederließ. Ja, so war das damals mit meinem geliebten, kleinen Zwergspitz Bobby.

Doch zurück zur Gegenwart. Nun war meine kleine Sheltie-Hündin Sandy an der Reihe. Ich hatte vorsorglich auf dem Herweg schon ein passendes Wurfobjekt aufgesammelt und warf dieses nun im hohen Bogen in Richtung Wiese.

„Hol den Stock, los hol ihn!" Mit dieser Aufforderung wollte ich meine kleine Sandy zu dem beliebten Apportierspiel ermuntern.

Doch anders als mein Zwergspitz Bobby damals warf mir meine kleine Sheltie-Hündin nur einen fragenden Blick zu, während der Stock für immer im dichten Grün der Wiese verschwand.

„Was soll denn das jetzt?", bekam ich mit einem verwirrten „Wuff" zu hören.

„Nee, hol dir deinen dämlichen Stock doch selber! Warum hast du ihn auch fort geschmissen?"

„Na, dann eben nicht, muss ja auch nicht unbedingt sein …", dachte ich bei mir.

Meine kleine Sandy ist eben durch und durch ein Sheltie, geboren als Hütehund, und hat mit Apportieren nun gar nichts am Hut. Eigentlich wusste ich das ja bereits, aber einen Versuch war es allemal wert. Nun gut, ich akzeptierte das, obwohl auch mir das Stöckchen-Werfen früher immer großen Spaß bereitet hatte. Aber sie ist eben anders, meine kleine Sheltie-Hündin, sie besitzt ihren eigenen Charakter, und das ist auch irgendwo ganz gut so.

Sodann stupste sie mich mit ihrer kleinen und feuchten Nase an, ein untrügliches Zeichen dafür, dass es langsam Zeit für uns wurde, weiter zu gehen.

Ich machte mich auf die Suche nach der uralten Bismarck-Eiche, die ihren Platz nicht weit entfernt von dem Holzbänkchen hatte. Sie erhielt ihren Namen zu Ehren des alten Otto von Bismarck und bekam ein schmuckes Schild verpasst, auf dem ihre Geschichte und die ihres berühmten Namensgebers verewigt wurde. Als der gute Otto gelebt hat, war sie schon ein alter Baum, erinnerte ich mich auf dem Schild gelesen zu haben. Also musste diese stolze Eiche wohl gut und gerne ein paar hundert Jahre alt gewesen sein, ein wirklich würdiges Alter! War sie auch, bis sie der Zivilisation mit ihrem unersättlichen Hunger nach Ausbreitung weichen musste. Den Gewalten der Natur konnte sie Jahrhunderte lang wacker stand halten, musste dann aber vor dem Mensch und seinen Motorsägen kapitulieren. Sie wurde einfach gefällt. Einfach so. Sie stand im Weg, kein Platz war mehr für sie da. Es erfüllte mich gleichzeitig mit Trauer und Wut. Meine kleine Sandy schien das zu spüren und drückte sich fest an mich heran.

„Gehen wir weiter, weg von hier!", sagte ich zu ihr, und wir überschritten diese unsäglich breite Straße, die der Baum zum Opfer gefallen war.

Nach ein paar Schritten gelangten wir wieder in den Wald. Angenehmes Grün überall, und so ließen wir die schlechten Erlebnisse von eben bald hinter uns.

Der Weg war noch weit, doch meine kleine Sandy und ich hatten keine Eile. Wir folgten einem kleinen Seitental der Rombach, das uns alsbald hinaus ins freie Feld führte. Vor uns lag der „Rosenhügel", von dem ich bis heute noch nicht weiß, woher er seinen Namen erhalten hatte. Rosen hatte ich

Zeit meines Lebens hier noch nie wachsen sehen. Dafür aber grüne und saftige Wiesen, soweit das Auge reichte. Hocherfreut darüber, brach die kleine Sandy sofort in einen spontanen Freudentaumel aus und bekam ihre berühmten „spinnerten fünf Minuten", die sich wie immer in einem unbändigen Drang zum wilden Herumsausen äußerten.

Bald jedoch hatte sie genug von diesem Spiel, waren da doch wesentlich lohnendere Objekte in Sicht – eine Schar schwarzer Raben, oder waren es am Ende gar Krähen oder Dohlen, keine Ahnung. Indes war die genaue Bestimmung der Vogelart der kleinen Sandy vollkommen egal, machte sie sich doch einen Heidenspaß daraus, mit hohen Gemsbock-Sprüngen und lautem Gebell den armen Vögeln im freien Feld hinterher zu jagen. Die sahen das jedoch total locker.

„Was will denn der Krachmacher?", mochten die sich wohl gedacht haben und flogen rechtzeitig weg, bevor Sandy auch nur den Hauch einer Chance hatte, sie zu erwischen. Und wie zum Trotz ließen sich die schwarzen Viecher dann auch noch nicht allzu weit davon entfernt wieder auf der Erde nieder, gerade so, als ob sie den frechen Hund verspotten wollten.

„Komm doch, du blöde Töle, du kriegst uns ja doch nicht!", mochte ihr lautes Krächzen wohl zu bedeuten haben.

Dennoch, immer und immer wieder begann meine kleine Sheltie-Hündin ihre Rabenjagd aufs Neue. Ich war mir fast sicher, sie wusste selber nur allzu gut, dass sie allen Ernstes niemals einen Raben erwischen würde. Diese klugen Vögel waren einfach zu schnell für sie. Ich beschloss, meine kleine Hündin gewähren zu lassen, solange sie ihren Spaß daran hatte.

Nach einer Weile hatte Sandy von diesem Spiel dann genug. Schnelles Hecheln verriet mir die Anstrengung, die diese wilde Jagd sie gekostet hatte. So traten wir langsam unseren Rückweg an.

Wir ließen leere Äcker hinter uns, bevor wir an der  großen Wiese mit den wunderbaren Apfelbäumen vorbei kamen. Ja, noch gab es sie, diese guten Obstbäume. Noch! Ich zupfte mir einen Apfel ab. Guter Jonathan, Elstar, Boskoop oder gar Golden Delicious? Keine Ahnung. Aber er schmeckte hervorragend!

Sandy sammelte derweil wie üblich jede Menge Zweige und Blattwerk mit ihrem dichten Pelz auf. Na klar, da hatten wir es doch wieder! Ein Blatt an ihrem Schwanz wedelte demonstrativ wie eine Fahne im Wind. Inzwischen zogen dunkle Wolkenschatten über uns hinweg und kündigten ein drohendes Unwetter an. „Jetzt aber schnell!", wies ich meine kleine Hündin an. Zurück führte unsere Route auf einem engen Feldweg, vorbei an dem kleinen Freibad und einem der letzten Bauernhöfe, die es hier wohl noch gab. Bevor sich die ersten Gewittertropfen ankündigten, waren wir wohlbehalten an den Ausgangspunkt unseres kleinen Ausflugs in die Vergangenheit zurückgekehrt.

Was bleibt, sind Erinnerungen, gleichsam der geheime Schlüssel zu unserer eigenen Lebensgeschichte. Erinnerungen, die wir in unseren Herzen tragen und die für immer ein Teil von uns sein werden, seien es gute oder schlechte.

Zurück gelassen haben wir indes die Unbeschwertheit der Jugend, diese Leichtigkeit des Seins, die wir mit zunehmenden Alter für immer verlieren, so sehr wir auch versuchen, sie festzuhalten.

Vor uns liegt ein unerforschter Weg. Ein Weg mit vielen Abzweigungen und Hürden, versehen mit Zielen und Horizonten, die noch dunkel und verschwommen im Verborgenen liegen. Vielleicht ein gerader Weg, oder aber mit Steinen bepflastert.

Ein Weg, von dem niemand weiß, wie lange er ihn gehen und wohin er ihn führen wird und was ihn jenseits des Horizonts erwarten mag. Und dieser Weg heißt Zukunft.

VIERUNDDREISSIG

Ein paar Gedanken zum guten Schluss

Durch sein bezauberndes Aussehen, das bis ins hohe Alter etwas Puppenhaftes an sich hat, wäre der Sheltie doch eigentlich wie geschaffen für einen Modehund. In Wahrheit ist er jedoch der breiten Masse an Hundefreunden fast gänzlich unbekannt und wird nicht selten mit seinem „großen Bruder", dem Collie, verwechselt.

Zieht man darüber hinaus die hervorragenden Charaktereigenschaften dieser einzigartigen Hunderasse in Betracht, die sich durch ein liebenswertes Wesen, Herzenswärme, Ehrlichkeit, Treue, Zuverlässigkeit, Pflegeleichtigkeit und Robustheit äußern, muss es doppelt verwundern, warum der Sheltie bis jetzt noch keine größere Popularität erreicht hat.

Offenbar sind wohl derzeit eher die ebenfalls schön anzusehenden, aber inzwischen vermutlich völlig überzüchteten Golden Retriever der Renner.

Und wenn ich ehrlich bin, habe ich da eigentlich überhaupt nichts dagegen, denn so ist zumindest gewährleistet, dass die edle Rasse der Shelties nicht zum reinen Zuchtvieh des schnöden Mammons wegen degradiert wird.

Und so sehr ich mir auch wünsche, dass aus diesem Buch ein Bestseller wird (das Geld könnte ich allemal gebrauchen), so sehr würde ich es bereuen, durch die neu gewonnene Popularität diese netten Hunde als Modehund dem schonungslosen Treiben der Werbung und Profitgier preiszugeben.

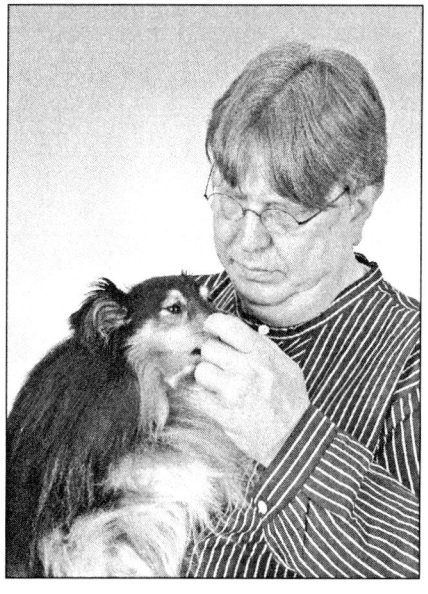

In diesem Sinne verbleibe ich mit den allerbesten Grüßen und mit einem dicken Pfotendruck von meiner kleinen Sandy an all meine Leser/innen

Ihr Klaus Schmidt

DANKSAGUNG

Danken möchte ich an dieser Stelle den vier Frauen, die auf die eine oder andere Weise dazu beigetragen haben, dass dieses Buch zustande kommen konnte.

Da wäre als Allererstes meine geliebte Ehefrau Margret zu nennen, die mich ständig ermutigte, dieses Buch zu Ende zu schreiben, auch wenn ich manchmal am Verzweifeln war. Außerdem war sie die Quelle vieler Inspirationen zu diesem Buch, wobei sie es in unnachahmlicher Weise verstand, die Gefühlsregungen unserer kleinen Sheltie-Hündin auf den Punkt zu bringen und äußerst humorvoll zu verbalisieren, quasi ihr Sprachrohr zu sein. Wie oft habe ich sie sagen hören „Jetzt will uns die kleine Sandy sicher sagen, dass …"

Ein ganz besonderer Dank gilt auch Andrea Weinzierl, aus deren Liebhaberzucht „Black Delight Shelties" unsere kleine Sandy stammt. Mit viel Sachverstand, Liebe und Aufopferung hat sie die Welpen des A-Wurfs neun Wochen lang bei deren körperlichen und seelischen Entwicklung optimal unterstützt. Am Tag der Übergabe des kleinen Welpens gab sie uns viele nützliche Tipps zur Pflege und Haltung unserer kleinen Sheltie-Hündin mit auf den Weg. Und noch bis zum heutigen Tag unterstützt sie uns und die anderen Besitzer ihrer Shelties ständig mit Rat und Tat und sorgt durch ein alljährliches Sheltie-Familientreffen in ihrem Anwesen für eine enge Verbindung unter den Liebhabern dieser edlen Hunderasse.

Nicht vergessen möchte ich unsere Hundetrainerin Sonja Mai, die uns bei der Sozialisation und Erziehung des jungen Welpen eine wertvolle Hilfe war und die uns mit Rat und Tat ein ums andere Mal wertvolle Unterstützung leistete.

Und, last but not least, geht mein Dank natürlich auch an unsere kleine Sheltie-Hündin Sandy, die letztlich ja die Hauptdarstellerin in diesem Buch ist. Ohne sie, ihrem stets fröhlichen und lustigen Charakter und ihren liebenswerten Aktionen wäre dieses Buch natürlich nicht denkbar gewesen.

Danke Euch allen! Es ist schön, dass es Euch gibt!

Ergänzen möchte ich diese Danksagung noch um ein kleines Dankeschön an Renate Blaes, die mir einige hilfreiche Tipps in Sachen Verlagsabwicklung mit auf den Weg gab. In diesem Zusammenhang will ich gerne auch auf ihr Katzenbuch mit dem Titel „Auf leisen Sohlen" hinweisen.

Sandy sagt „Tschüss" bis zum nächsten Buch …